SPSS 오픈하우스 세미나 고급 통계학 특강 I

Advanced Topics in Statistics I

허 명 회   저

데이타솔루션
Formerly SPSS Korea

■ 저자약력

허명회 (許明會)

- 서울대학교 계산통계학과 졸업
- 미국 스탠퍼드 대학교 통계학 박사
- 현, 고려대학교 통계학과 교수
- 주요저서 : SPSS를 활용한 통계적 방법론 (한나래아카데미)
  SPSS 다변량 자료분석 (공저, 한나래아카데미)
  SPSS 설문지 조사방법: 기본과 활용 (한나래아카데미)
  데이터마이닝 모델링과 사례(제2판) (공저, 한나래아카데미)
  SPSS 오픈하우스 고급통계학특강 I (데이타솔루션) 외 다수

■ SPSS 오픈하우스 세미나 고급 통계학 특강 I
Advanced Topics in Statistics I

- 초판 1쇄 인쇄 : 2012년 2월 23일
- 발 행 처 : ㈜데이타솔루션
- 주   소 : 135-832 서울특별시 강남구 언주로 620 현대인텔렉스빌딩 10층
- 대표전화 : 02)3467-7200(代)
- 등록번호 : 제16-1669호
- ISBN 978-89-6505-011-7 94310 (세트),
- 개정 2쇄 발행 : 2015년 3월 5일
- 발 행 인 : 정진섭
- FAX : 02)563-0014
- 등 록 일 : 1998년 5월 15일
  ISBN 978-89-6505-012-4 94310 (개별)

책을 만든 사람들

편집기획 · 교정 : SPSS 아카데미 교재 출판팀
표지디자인 · 인쇄 : 한나래출판사

데이터 다운로드 http://www.datasolution.kr 도서 페이지에서 다운받을 수 있습니다.

SPSS 오픈하우스 세미나

고급 통계학 특강 I

Advanced Topics in Statistics I

허명회

데이타솔루션

머리말

이 책은 2008년부터 2011년까지 4년에 걸친 SPSS 오픈하우스 세미나에서 제가 한 통계학 강의를 엮은 책입니다.

SPSS 오픈하우스 세미나는 최신의 통계적·계량적 분석기법을 일반 자료분석자에게 소개하는 열린 교육 공간입니다. 일과에 쫓겨 오픈하우스에 참석하지 못한 여러 SPSS 사용자들을 위하여, 그리고 미진했던 부분을 보강하기 위하여 SPSS 오픈하우스 세미나에 사용했던 프레젠테이션 슬라이드를 글로 옮겼습니다.

이 책에 포함된 토픽은 모형 앙상블, 분류·회귀 나무, 신경망, 림(rim) 가중법, 붓스트랩(bootstrap) 방법, 일반화선형모형, 일반화선형혼합모형, 최적변환회귀 등 각종 회귀분석 방법입니다.

SPSS Statistics는 통계 소프트웨어로서 최장의 역사를 가지고 있습니다만 날로 새로워지고 있습니다. 새로 구현된 통계적 기법들을 부지런히 따라가야 합니다.

SPSS 오픈하우스 세미나에서 뵙게 되길 바랍니다.

2012년 2월, 2014년 7월
허 명 회 드림
고려대학교 교수 (통계학)
e-mail: stat420@korea.ac.kr

S
P
S
S

차례

차례

차례

1장. 조사자료의 최대 활용

조사(survey)는 사회와 소비자에 대한 통계적 정보를 얻어내는 데 있어 효율적이고 과학적인 도구입니다. 그러나 수많은 응답자들의 도움과 만만치 않은 비용이 없이는 자료를 만들 수 없습니다. 그럼에도 불구하고 단순한 몇 개의 통계치와 그래프를 빼내고는 자료를 덮어두는 것이 현실입니다. 예컨대 고객만족도 조사에서 아래과 같이 빈도표와 만들어내고 파이 차트를 그려보는 데 그치는 것입니다.

얼마나 만족스러웠습니까?	빈도	퍼센트
1. 매우 만족	20	2.1
2. 만족하는 편	130	13.6
3. 보통	360	37.7
4. 불만족인 편	300	31.4
5. 매우 불만족	145	15.2
합계	955	100.0

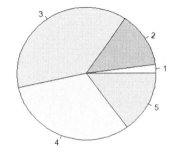

이와 같은 조사의 고(高)비용·저(低)활용 문제를 타결하기 위해선 어떻게 해야 할까요? 조사연구에서 질을 유지하면서 비용을 줄이는 것은 어렵습니다. 따라서 당연하게도 조사자가 해야 할 일은 조사자료의 최대 활용입니다. 이것의 핵심에는 1) 응답자에 대한 심층적 이해, 2) 근거 있는 설명, 3) 실행가능한 제안 등이 있습니다.

조사자료의 최대 활용은 다변량 분석에서 시작됩니다. 군집분석(cluster analysis)을 통해서 개체(응답자) 세분화를 하고 다중선형회귀에서 뿐만 아니라 로지스틱 회귀, CART (회귀·분류나무) 등에서 최적의 설명 모형을 찾아낼 필요가 있습니다.

조사자료의 최대 활용을 위해서는 전문적 기법을 적극 수용해야 합니다. 조사자가 자료에 걸 맞는 식견을 가져야 합니다. 이 장에서는 림 가중법(rim weighting)과 함께 특수 응용인 척도 등화(scale equating) 기법, 그리고 결측값(missing value) 분석과 대체 방법을 소개합니다. 림 가중법은 기준변수가 많은 경우에서 균형 표본을 얻어 내는 방법이고, 척도 등화 방법은 이(異) 척도 간 비교가 불가피한 경우 변환 식을 제공합니다.

----

1. 군집분석의 활용

군집분석(群集分析, cluster analysis)은 태도와 행동이 유사한 개체(응답자)들을 묶어내는 그룹화 기법입니다. 마찬가지로, 군집분석은 전체 개체(응답자)들을 태도와 행동의 제 차원에서 나누어내는 세분화 기법이기도 합니다.

대표적인 한 예는 미국의 Claritas PRIZM 클러스터입니다. 이것은 미국 전체의 우편번호 구역을 인구 센서스 자료를 기반으로 66개 클러스터 중 하나로 분류해냅니다. 클러스터 리스트는 1번 Upper Crust, 2번 Blue Blood Estates, … , 66번 Low-Rise Living 등입니다. Wikipedia에서 정의를 살펴보면, 26번 코스모폴리턴(Cosmopolitans)은 다문화 가구가 많은 구역이고 18번 '아이들과 골목 길'(Kids and Cul-de-Sac)은 아이들이 있는 젊은 부부 가구가 사는 구역입니다. 고객의 주소를 등록 받는 금융기관과 소비자제품 판매사는 이것을 고객의 사회경제적 정보를 파악하는 데 활용합니다.

조사자료의 군집화는 p개의 문항 응답에 근거하여 n명의 응답자를 g개의 그룹으로 나누는 것입니다. 예를 들어 Hotel H의 고객들에 대한 조사에 다음 5개($=p$) 변수가 포함되어 있다고 합시다.

> V1. 연간 방문 빈도
> V2. 방문 당 숙박일 수
> V3. 비즈니스 목적여부
> V4. 인터넷 활용여부
> V5. 호텔 내 레스토랑 이용여부

이와 같은 조사자료에 대해 군집분석을 하게 되면 호텔 고객을 몇 개의 그룹으로 나눌 수 있습니다. 그리고 그룹별 특성을 파악하여 그룹별로 각기 다른 고객 충성도 제고 프로그램을 개발해냅니다. 이제까지 고객충성도 제고 프로그램이 하나만 운영되었다면 많은 고객들이 호텔의 보상 정책을 남의 집 감나무 보듯 하였겠지만, 이제부터는 고객들이 각자 자신에 맞는 프로그램을 선택하느라 눈이 반짝거릴 것입니다.

변수 수가 3 이상인 경우는 분석자료의 군집화가 단순한 그림에 의존해서는 되지 않습니다. 그러므로 다변량 자료의 군집화를 위한 체계적 알고리즘이 필요합니다. 군집화 알고리즘의 목적은 그림 1과 같이 개체들이 그룹별로 잘 나누어지게 하는 것입니다.

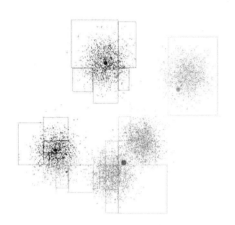

<그림 1> 군집화 개념도

군집분석은 계층적 군집화와 비계층적 군집화로 나눌 수 있습니다. 계층적 군집화 (hierarchical clustering)는 2개 개체가 한 그룹에 배속되면 끝까지 같은 그룹에 남게 되는 군집화의 방법으로 군집화 과정과 결과를 나무그림(dendrogram)으로 나타낼 수 있습니다. 그림 2에서 이 방법으로 만들어진 나무그림을 보십시오. 20개 개체를 크게 2개 그룹으로 나누자면, 개체 14번, 19번, 11번, 2번, 18번, 5번, 13번, 10번, 15번, 1번, 8번이 한 그룹을 이루고 개체 16번, 17번, 3번, 20번, 7번, 12번, 4번, 9번, 6번이 다른 한 그룹을 이룹니다. 앞 그룹에서 개체 8번을 떨어내면 그룹이 3개로 됩니다.

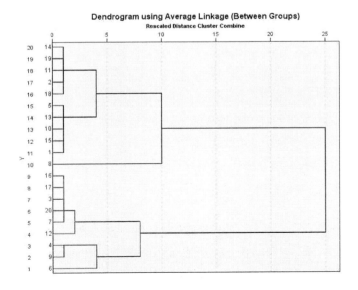

<그림 2> 나무그림

이와 같이 계층적 군집화는 과정을 쉽게 이해할 수 있습니다. 그러나 개체 수 n이 커지면 나무그림을 그리는 것이 어려워집니다. 또한 쉽지 않은 계산이 문제가 됩니다.

비계층적 군집화(nonhierarchical clustering)는 개체들이 묶이고 흩어지는 과정을 반복하다가 최적의 상태에서 출력을 냅니다. 비계층적 군집화의 대표적 방법이 k-평균 군집화(k-means clustering)입니다. k-평균 군집화의 알고리즘은 다음과 같습니다. 이하에서 k는 주어진 군집(=그룹) 수.

> 단계 1: k개의 군집 중심을 가급적 서로 떨어지게 잡습니다.
> 단계 2: 개체별로 가장 가까운 중심을 찾아 해당 군집에 배속시킵니다.
> 단계 3: 군집별로 배속된 개체들을 모아 새 중심(=평균)을 산출합니다.
> 단계 4: 옛 중심과 새 중심 간 차이가 충분히 작으면 알고리즘을 종료합니다.
> 그렇지 않으면 단계 2로 돌아갑니다.

이 방법은 개체 수 n이 큰 경우에도 계산이 문제가 되지 않습니다. 그러나 군집 수 k를 자료 분석자가 미리 지정해야 합니다. 군집화 결과를 세밀하게 평가한 후에야 최적 군집 수 k^*를 확정할 수 있습니다.

계층적 군집화와 k-평균 군집화 외 최근 SPSS 군집화 방법으로 들어온 것으로 2단계 군집화(two-step clustering)가 있습니다. 이 방법은 제1 단계에서 순차적으로 개체들을 묶어냅니다. 개체 1개가 진입하면 이것이 기존 개체들과 다른 패턴의 것인지, 아니면 유사한 것인지를 판단합니다. 전자이면 군집을 새로 만들고 후자이면 기존 군집에 배속시킵니다. 제2 단계에서는 제1 단계에서 만들어진 군집들을 AIC나 BIC와 같은 정보량 기준을 적용하여 계층적으로 묶어냅니다.

2단계 군집화(two-step clustering)는 군집화 변수로 연속형(scale)뿐만 아니라 순서형(ordinal)과 명목형(nominal)을 허용합니다. 최종 도출된 군집 수도 자동으로 정해집니다. 한마디로, 거의 모든 것이 자동화된 알고리즘입니다. 또한 개체 수 n이 큰 경우에도 계산이 문제가 되지 않습니다.

2단계 군집화는 SPSS Statistics에서 Analyze ▶ Classify ▶ Two-step Cluster…에서 할 수 있습니다. 자세한 용법에 대하여는 데이타솔루션의 <SPSS Statistics 분류분석> (허명회, 데이타솔루션 2010)을 참조하십시오.

----

2. 회귀분석의 활용

회귀분석(regression analysis)은 종속변수 y와 p개 설명변수(문항)의 관계를 파악하여
관심변수에 대한 설명 또는 예측을 해냅니다. 즉,
$$y \quad \leftarrow \quad x_1, \cdots, x_p.$$
회귀분석은 누구나 잘 알고 있다고 생각하지만 최근 많은 진전이 있었으므로 새 방법론
을 따라잡을 필요가 있습니다. 조사자료에 대한 회귀분석 방법론은 다음과 같습니다.

1)　y가 연속형(scale) 변수인 경우: 다중선형회귀, 회귀나무(regression tree).
　　예: '종합 만족도'가 y인데, 이 지표는 5점 척도 응답 7개의 합계로 산출됨.

2)　y가 이항형(binary) 변수인 경우: 로지스틱 회귀, 분류나무(classification tree).
　　예: '구매 의사'가 y인데, $y = 0$은 '없음'이고 $y = 1$은 '있음'임.

3)　y가 순서형(ordinal) 변수인 경우: 순서형 로지스틱 회귀, 순서형 분류나무.
　　예: 전반적 만족도가 y인데, 이 변수는 5점 리커트형 척도(=1,2,3,4,5)임.

다중선형회귀: 가장 잘 알려진 회귀모형입니다. 모형 식은 다음과 같습니다.
$$y = \beta_0 + \beta_1 x_1 + \cdots + \beta_p x_p + \epsilon, \quad \epsilon \sim N(0, \sigma).$$
　　SPSS Statistics에서 Analyze ▶ Regression ▶ Linear...로 들어갑니다.

회귀나무: 분류나무 알고리즘과 동일한 알고리즘으로 산출되는데 이에 대하여는 2장을
　　　　참조하십시오. 만들어진 분류나무의 모습은 아래와 같습니다. SPSS Statistics
　　　　에서 Analyze ▶ Classify ▶ Tree로 회귀나무를 만들 수 있습니다.

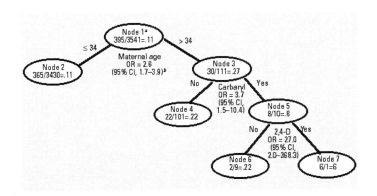

로지스틱 회귀: 설명변수 $x_1, \cdots, x_p$의 주어진 조건에서 '$y=0$의 확률' 대비 '$y=1$의 확률'의 로그를 $x_1, \cdots, x_p$의 선형결합으로 모형화합니다. 즉,

$$\log_e \frac{P\{\, y=1 \mid x_1, \cdots, x_p\,\}}{P\{\, y=0 \mid x_1, \cdots, x_p\,\}} = \alpha + \beta_1 x_1 + \cdots + \beta_p x_p.$$

$p=1$인 경우는 모형 식이 다음과 같이 됩니다.

$$\log_e \frac{P\{\, y=1 \mid x\,\}}{P\{\, y=0 \mid x\,\}} = \alpha + \beta x.$$

x 대 $P\{\, y=1 \mid x\,\}$의 그래프는 다음과 같습니다.

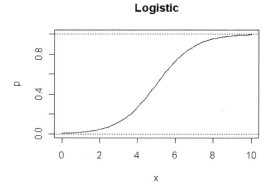

SPSS Statistics에서 Analyze ▶ Regression ▶ Binary Logistic...으로 로지스틱 회귀에 들어갈 수 있습니다.

분류나무: 모습은 회귀나무와 같습니다. 알고리즘에 대하여는 2장에서 설명할 것입니다. SPSS Statistics에서 Analyze ▶ Classify ▶ Tree.

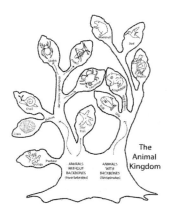

Illustration from
http://www.pembermuseum.com

순서형 로지스틱 회귀: 종속변수 y가 5점 리커트형 척도인 경우 모형 식은 다음과 같습니다.

$$\log_e \frac{P\{y \le j \mid x_1, \cdots, x_p\}}{P\{y > j \mid x_1, \cdots, x_p\}} = \alpha_j + \beta_1 x_1 + \cdots + \beta_p x_p, \quad j = 1, 2, 3, 4.$$

여기서 절편 파라미터들에 다음 순서 제약이 붙습니다: $\alpha_1 \le \alpha_2 \le \alpha_3 \le \alpha_4$. $p = 1$인 경우는 모형 식이 다음과 같이 됩니다.

$$\log_e \frac{P\{y \le j \mid x\}}{P\{y > j \mid x\}} = \alpha_j + \beta x.$$

x 대 $P\{y \le j \mid x\}$의 그래프는 다음과 같습니다 ($j = 1, 2, 3, 4$).

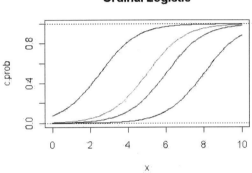

Ordinal Logistic

SPSS Statistics에서 Analyze ▶ Regression ▶ Ordinal...로써 순서형 로지스틱 회귀에 들어갈 수 있습니다.

순서형 분류나무: SPSS Statistics의 Analyze ▶ Classify ▶ Tree에 들어가 할 수 있습니다. Growing Method를 CRT(=CART)로 지정하고, Criteria 스크린의 CRT 탭에서 'Ordered Twoing'을 지정합니다.[1]

SPSS 분류·회귀나무의 자세한 용법에 대하여는 SPSS Korea의 <SPSS Statistics 분류분석> (허명회, 데이타솔루션 2010)을 참조하십시오. 순서형 로지스틱 회귀에 대하여는 6장을 참조하십시오.

---

1) 'Ordered Twoing'은 순서형 종속변수의 범주들을 인접한 것들끼리 2개 그룹으로 묶습니다.

3. 림 가중법

통계 조사를 잘 기획하고 관리하여 실행하였다고 하더라도 표본은 모집단으로부터 다소 일탈하기 마련입니다. 주요 특성에서 그렇다는 말입니다. 예컨대, 모집단에서 남녀의 비율이 50% 대 50%인데 표본에서는 그것이 40%와 60%로 나타나는 것입니다. 그런데 통상적인 조사에서는 성(性, gender) 외에도 체크되어야 할 주요 특성이 최소한 2개가 더 있습니다. 지역과 연령대와 같은 것이죠.

다소 일그러진 표본을 균형화하기 위한 작업이 분석에 앞서 필요한데 대표적 방법이 셀 가중법(cell weighting)입니다. 그것은 기준변수(특성)가 A, B, C인 경우 다음과 같이 합니다. A, B, C가 i, j, k인 셀에 속하는 개체에 다음 가중치를 부여합니다.

$$w_{ijk} = \frac{\pi_{ijk}}{p_{ijk}}. \tag{1}$$

여기서 π_{ijk}는 셀 (i, j, k)의 모집단 비율이고 p_{ijk}는 같은 셀의 표본 비율입니다. 물론 p_{ijk}가 0이 아니어야 가중치 산출이 가능합니다.

예컨대, 셀 (서울, 20대, 남자)의 모집단 비율이 0.0024인데 표본에서 0.0012로 나타났다면, 서울·20대·남자에는 가중치 2.00(=0.0024/0.0012)이 붙습니다. 반면, 셀 (경기, 50대, 여자)의 모집단 비율이 0.0024인데 표본에서 0.0048로 나타났다면, 경기·50대·여자에는 가중치 0.50(=0.0024/0.0048)이 붙습니다.

SPSS Statistics에서 식 (1)로 변수 W를 산출하고 Data ▶ Weight Cases..에서 W를 기준으로 가중하라고 하면 이후 모든 분석이 가중처리됩니다.

모집단과 표본이 일치되어야 할 특성(기준변수)이 3개 이하가 아니라 4개 이상인 상황이 꽤 흔하게 있습니다. 예컨대 지역, 성, 연령대 등 인구적 변인 외에 학력, 직업 등 사회적 변인을 고려해야 할 필요가 있기 때문입니다. 기준변수가 지역 A, 성 B, 연령대 C, 학력 D, 직업 E인 상황에서, 셀 가중치가 적용되려면 셀 (i, j, k, l, m)에

$$w_{ijklm} = \frac{\pi_{ijklm}}{p_{ijklm}} \tag{2}$$

이 가중치로 부여되어야 합니다. 여기서 π_{ijklm}은 셀의 모집단 비율이고 p_{ijklm}은 같은 셀의 표본 비율입니다. 그런데 식 (2)에 의한 가중치 산출에 두 가지 문제가 생깁니다.

하나는 p_{ijklm}이 0인 셀이 여럿 생기게 된다는 점입니다. 셀의 총 수가 엄청 많게 되기 때문입니다.[2) 또 하나의 문제는 셀의 모집단 비율 π_{ijklm}을 얻기 어려운 현실에 있습니다. 인구주택총조사 결과보고서에서도 이처럼 세세한 수치는 찾기 어렵습니다.

림 가중법(rim weighting)은 기준변수가 4개 이상인 상황에서도 모집단 특성과 표본 특성을 일치시켜주는 가중법입니다. 림 가중법은 다른 이름으로 레이킹(raking) 또는 반복비례가중법(iterative proportional weighting)이라고도 합니다. 림 가중법의 림(rim)은 농구 골대를 말합니다. 몇 개의 고리가 있어서 그물을 걸어놓을 수 있습니다. 아래 왼쪽 그림을 보세요.

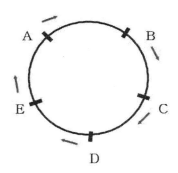

위의 오른쪽 그림이 림 가중법의 개념도입니다. 기준변수가 지역 A, 성 B, 연령대 C, 학력 D, 직업 E인 상황에서, 림 가중치는 다음과 같이 산출됩니다.

　　림 가중법 알고리즘:

　　　　[0] $w(u) \leftarrow 1$: 모든 개체 u의 초기가중치를 1로 둠.

　　　　[1] $w(u) \leftarrow w(u)\dfrac{\pi(i,,,)}{p(i,,,)}$: A의 분포를 맞춤.

　　　　[2] $w(u) \leftarrow w(u)\dfrac{\pi(,j,,)}{p(,j,,)}$: B의 분포를 맞춤.

---

2) 지역 A가 16개, 성 B가 2개, 연령대 C가 5개, 학력 D가 3개, 직업 F가 5개이면 셀의 총 수는 $16 \times 2 \times 5 \times 3 \times 5$, 즉 2,400개나 됩니다. 표본크기 n보다 커지는 상황이 되기도 합니다.

[3] $w(u) \leftarrow w(u) \dfrac{\pi(,,k,,)}{p(,,k,,)}$: C의 분포를 맞춤.

[4] $w(u) \leftarrow w(u) \dfrac{\pi(,,,l,)}{p(,,,l,)}$: D의 분포를 맞춤.

[5] $w(u) \leftarrow w(u) \dfrac{\pi(,,,,m)}{p(,,,,m)}$: E의 분포를 맞춤.

단계 1로 돌아감 (수렴이 될 때까지).

알고리즘이 모두 돌아가면 결과적으로 지역 A, 성 B, 연령대 C, 학력 D, 직업 E의 분포와 주변적으로 모집단과 일치하게 됩니다.

림 가중법은 여러 경우에 응용이 가능합니다. 다음은 대표적인 예입니다.

응용 1: 할당표본(quota sample)의 편향 축소

우리나라 전화조사는 대부분 지역·성·연령대 할당추출(quota sampling)로 실행됩니다. 이것은 조사시점부터 지역·성·연령대의 3차원 셀의 모집단 구성 비율 대비 조사 완료율을 모니터링(monitoring)하다가 그 비율이 100%가 되면 더 이상 해당 셀의 응답자는 조사하지 않는 방식의 조사입니다. 그러다보니 조사가 주로 진행되는 낮 시간대에 재택 성향이 큰 사람들이 표본에 과다하게 진입하는 문제가 생깁니다. 동일 지역·성·연령대 조건하에서도 재택 성향이 높은 그룹과 재택 성향이 낮은 그룹 간에 학력과 직업의 차이가 있기 때문입니다. 예컨대 서울·여성·30대 셀에서는 가정주부가 직장인보다 추출될 가능성이 높습니다. 가정주부가 직장인보다 집에 있는 시간이 많기 때문입니다. 이러한 할당표본의 편향성은 비뚤어진 조사결과를 만들어낼 수 있습니다.

이를 바로 잡기 위하여 기준변수에 지역, 성, 연령대 외에 학력과 직업을 추가할 수 있겠습니다. 그러면 기준변수가 무려 5개가 됩니다. 따라서 림 가중법을 생각해봐야 합니다. 지역, 성, 연령대, 학력, 직업 각각의 전국 분포는 인구주택총조사 결과 보고서에서 찾을 수 있습니다.

응용 2: 자원자 표본(volunteer sample)의 편향 축소

인터넷 조사(web survey)는 통신 환경의 변화에 따라 자연스럽게 등장한 새로운 조사

방식입니다. 그런데 조사표본이 확률추출로 얻어지는 것이 아니라 자원자(volunteer) 모집으로 얻어진다는 데 문제가 있습니다. 자원자는 스스로 응답자가 되었으므로 일정한 방향으로 편향될 소지가 있기 때문입니다. 대체로 알려진 바에 의하면, 조사 자원자들은 남성과 젊은 사람이 많으며 진보적·진취적 성향을 가지고 있습니다.

따라서 표본이 자원자 모집으로 구성된 경우 조사결과는 모집단 전체에 대한 대표적 정보가 되지 않습니다. 그것은 모집단의 한 부분에 대한 정보에 불과합니다. 이런 한계를 넘어서는 방법이 있을까요?

예, 한 가지 방안이 있습니다. 성향조정가중법(propensity adjustment weighting)이라는 방법으로 그 얼개는 다음과 같습니다.

1) 대규모 확률표본에 의한 준거조사(reference survey)를 실시합니다. 그 방식은 RDD (random digit dialing, 임의번호걸기) 전화조사 같은 것일 수 있습니다.

2) 자원자 표본을 인터넷으로 조사를 합니다.[3]

3) 주요특성에서 준거표본과 자원자 표본이 일치하도록 자원자 조사 표본 개체들에 림 가중치를 적용합니다.

이렇게 하면 준거조사도 하고 자원자 조사도 하므로 이중으로 일하는 셈이 아닌가 싶을 것입니다. 일부 맞는 말이기는 하지만 꼭 그런 것만은 아닙니다. 왜냐하면 대규모 준거조사는 1회만 하고 자원자 조사는 여러 주제로 실시할 수 있기 때문입니다. 개념도는 다음과 같습니다.

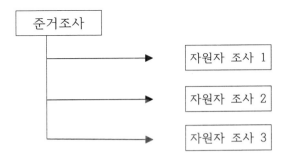

---

3) 그 방법은 다음과 같습니다.
- 응답 대상자에게 e-메일을 보내 조사협조 요청을 합니다.
- 응답 대상자가 조사자 홈페이지를 방문하여 제시된 온라인 설문지에 응답합니다.
- 조사자료가 전자적으로 파일 형태로 생성됩니다.

성향조정가중법에서 관건은 기준변수의 선정과 측정에 있습니다. 지역, 성, 연령대, 학력, 직업은 기본입니다. 그 외에 자원 응답자와 일반 응답자 간 차이를 잘 나타내는 태도 및 행동 변수가 반영되어야 합니다. 예컨대 인터넷 뉴스 접속, 온라인 쇼핑, 신제품 수용, 진보성 척도 등이 그런 것으로 포함될 수 있습니다만 정말 어떤 변수에 근거하여 자원자 표본을 조정해야 하는지는 조사연구자들의 고밀도 관심사항입니다.

SPSS Statistics의 림 가중법

SPSS에서 림 가중법을 사용하려면, Korea Plus 팩의 Multivariate Analysis 모듈을 설치하고 <u>조사표본 가중법....</u>에 들어가야 합니다. 조사표본 가중법의 스크린은 다음과 같습니다.

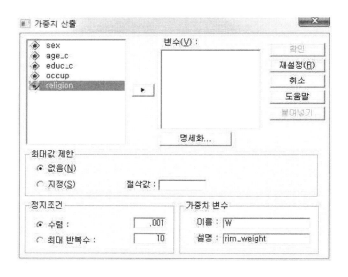

이 스크린에서 가중치 산출의 기준이 되는 변수를 지정하고 명세화 막대에서 기준변수별로 목표(모집단 또는 준거표본) 비율을 지정하면 됩니다.

자세한 용법에 대하여는 SPSS Korea의 <SPSS Statistics Korea Options Pack> (허명회, 데이타솔루션 2011)을 참조하십시오.

4. 척도 등화

만족도와 같이 응답자의 태도를 묻는 설문은 흔히 리커트형 척도로 구성됩니다. 통상 5점 척도가 사용되지만, 섬세한 측정을 하려는 의도에서 7점 척도로 하는 경우도 있습니다. 5점 척도와 7점 척도는 근본적으로 다르기 때문에 직접 비교는 어렵습니다. 5점 척도의 중간항인 "3: 보통"과 7점 척도의 중간항인 "4: 보통"도 같다고 볼 수 없습니다.

그런데 정말 불가피하게 5점 척도 응답의 분포와 7점 척도 응답의 분포를 비교해야 할 때가 있습니다. 한 경우는 올해 조사 결과를 지난해 조사 결과에 비교해야 하는데 올해 설문은 5점 척도였고 지난해는 7점 척도였던 상황입니다. 또 한 경우는 A사의 서비스에 대한 고객 반응과 B사의 서비스에 대한 고객 반응을 비교하고자 하는데 A사의 만족도는 5점 척도로 조사되고 B사의 만족도는 7점 척도로 조사된 상황입니다.

이런 때 필요한 방법이 척도 등화(scale equating) 기법입니다. 이하, 7점 척도의 응답을 5점 척도의 응답으로 변환하는 방법을 설명하겠습니다.

- 보조 조사가 필요합니다. 7점 척도의 B 조사를 작은 규모로 재시행하는데 이번에는 5점 척도로 합니다.

  - B 조사의 7점 척도 응답의 누적분포를 $P(i)$로 표기합니다 ($i = 1,2,3,4,5,6,7$).

  - B 조사의 5점 척도 응답의 누적분포 $Q(y)$로 표기합니다 ($y = 1,2,3,4,5$).

  - 이산형인 P와 Q를 연속형인 $\widetilde{P}$와 $\widetilde{Q}$로 바꿉니다: 보정상수 $\alpha = 0.5$.

    $$\widetilde{P}(1-\alpha) = 0,\ \widetilde{P}(7+\alpha) = 1; \qquad \widetilde{Q}(1-\alpha) = 0,\ \widetilde{Q}(5+\alpha) = 1.$$

    $$\widetilde{P}(i) = P(i),\ i = 1,2,3,4,5,6,7; \quad \widetilde{Q}(y) = Q(y),\ y = 1,2,3,4,5.$$

    나머지 부분은 선형보간.

  - 척도 등화의 목적은 7점 척도의 각 점 $i\,(= 1,2,3,4,5,6,7)$에 대하여

    $$P(i) = Q(y)$$

    인 y를 찾는 것입니다. 그림 3을 활용하여 그 해를 찾을 수 있습니다.[4]

---

4) 그림 1에서 7점 척도의 '4'는 5점 척도의 '3'으로 바뀝니다. 이런 식으로 7점 척도의 1, 2, 3, 4, 5, 6, 7은 각각 5점 척도의 0.75, 1.50, 2.25, 3.00, 3.75, 4.50, 5.25로 바뀝니다.

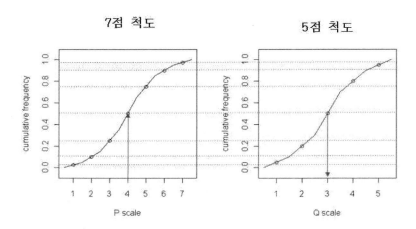

<그림 3> 7점 척도의 응답 P를 5점 척도의 응답 Q로 변환하기.

* 입력값: $P = (0.05, 0.10, 0.20, 0.30, 0.20, 0.10, 0.05)$, $Q = (0.1, 0.2, 0.4, 0.2, 0.1)$

별첨: 척도등화를 위한 엑셀 템플릿 "scale equating.xls"

	A	B	C	D	E	F	G	H	I	J	K	L	M	N
1		P.1	P.0	P.c	Q0	Q1	Q2	Q3	Q4	Q5	J	Q.Lower	Q.Mass	Equate
2	1	0.05	0.00	0.025	0.00	0.10	0.30	0.70	0.90	1.00	1	0.00	0.1	0.75
3	2	0.15	0.05	0.100	0.00	0.10	0.30	0.70	0.90	1.00	1	0.00	0.1	1.50
4	3	0.35	0.15	0.250	0.00	0.10	0.30	0.70	0.90	1.00	2	0.10	0.2	2.25
5	4	0.65	0.35	0.500	0.00	0.10	0.30	0.70	0.90	1.00	3	0.30	0.4	3.00
6	5	0.85	0.65	0.750	0.00	0.10	0.30	0.70	0.90	1.00	4	0.70	0.2	3.75
7	6	0.95	0.85	0.900	0.00	0.10	0.30	0.70	0.90	1.00	4	0.70	0.2	4.50
8	7	1.00	0.95	0.975	0.00	0.10	0.30	0.70	0.90	1.00	5	0.90	0.1	5.25
9														
10					Q.Mass	0.10	0.20	0.40	0.20	0.10				

입력.　　B2부터 B8까지 - 7점 척도 누적비율

　　　　C2부터 C8까지 - 7점 척도 누적비율의 lag 1

　　　　D2부터 D8까지 - B열과 C열의 중간점 (평균)

　　　　E열, F열, G열, H열, I열, J열 - 5점 척도 누적비율

　　　　E10부터 J10까지 - 5점 척도 비율

수식.　　D2:　=(B2+C2)/2

　　　　K2:　= IF(D2>E2,1,0)+IF(D2>F2,1,0)+IF(D2>G2,1,0)+IF(D2>H2,1,0)+IF(D2>I2,1,0)

　　　　L2:　=OFFSET(E2,0,K2-1,1,1)

　　　　M2:　=OFFSET(E$10,0,K2,1,1)

　　　　N2:　=K2-0.5+(D2-L2)/M2

출력: N2부터 N8까지

5. 결측값 분석과 대체

대부분의 조사자료는 결측값(missing value)을 포함하게 마련입니다. 응답자가 어떤 때는 응답을 실수로 누락하기도 하지만 어떤 때는 거절하기도 합니다. 결측값이 포함된 자료에 대하여 대다수의 통계적 방법은 속수무책입니다. 따라서 분석변수가 모두 있는 완전 관측(complete observations)만 분석에 포함하게 되는데 이것은 편향된 결과를 초래할 뿐 아니라 애써 모든 자료를 제대로 활용하지 않고 버리는 일입니다. 결측값이 포함된 조사자료에 대한 올바른 대책은 1) 결측 패턴을 분석하고 2) 결측값을 채워 넣는 것입니다 (결측값 대체, missing value imputation).

한 예로서, 가계조사(household survey)에서 목표표본이 총 2,000 가구였다고 합시다. 그 중에서 1,200 가구에 대하여는 면접을 성공하였으나 나머지 800 가구는 비접촉 또는 조사불응으로 면접을 하지 못하였습니다. 그런데 면접에 성공한 1,200 가구에서도 120 가구는 가구주 교육년수에 무응답하였고 300 가구는 가구소득에 무응답한 것으로 집계되었습니다.

무응답(nonresponse)은 다음 2개 유형으로 분류됩니다.

1) 개체 무응답 (unit nonresponse): 응답대상자 접촉실패, 조사 거절 등으로 인한 무응답입니다. 앞의 예에서 조사에 실패한 800 가구는 개체 무응답으로 간주됩니다.

2) 항목 무응답 (item nonresponse): 일부 항목의 측정 실패로 인한 무응답입니다. 앞의 예에서 교육년수에 대한 항목 무응답은 120가구(10%)에서, 가구소득에 대한 항목 무응답은 300가구(25%)에서 발생하였습니다.

사회조사에게 개체 무응답(nonresponse)은 낮은 재택률과 비사회적 경향으로 발생합니다. 부부의 맞벌이·1인 가구의 증가로 재택률이 낮아졌으므로 가구 방문이나 유선 전화에 의한 접촉이 실패하는 경우가 많아졌습니다. 또한 사생활 침해·개인정보 노출에 대한 우려 등의 비사회적 경향으로 조사거절이 발생합니다. 이런 것들이 개체 무응답의 원인으로 작동합니다.

개체 무응답의 1차적 대처법은 재접촉(재통화·재방문), 거절자 회유, 인센티브 제공 등입니다. 2차적 대처법은 가중치 부여(셀 가중법·림 가중법)와 무응답자 층의 일부를 재추출하여 조사하는 방법입니다.

항목 무응답은 다음과 같이 MCAR, MAR, NI 등 세가지 상황으로 분류됩니다.

1) MCAR (Missing Completely At Random): 결측값이 실제 어떤 값을 갖는지가 완전하게 임의로 정해지는 경우의 항목 결측입니다. MCAR 상황에서는 특정 항목의 결측이 개체의 어떤 특성과도 관련 없이 발생합니다.

2) MAR (Missing At Random): 항목의 결측값이 다른 항목의 관측값에 따라 결정되는(영향을 받는) 경우의 결측입니다. 예를 들어 가계조사에서 교육수준이 높아짐에 따라 가구소득을 보고하지 않는 경향이 있다고 합시다(가구소득 응답률 중졸 90%, 고졸 80%, 대졸 70%, 대학원 졸 60% 등). 이런 경우 가구소득이 결측되어 개별 추정값이 필요한 경우 가구주의 교육수준을 활용할 수 있습니다. 이런 상황에서는, 무엇이 해당 항목의 결측과 어떤 관련 있는가를 통찰과 분석으로 찾아내는 것이 관건입니다.

3) NI (Not Ignorable): 항목의 결측 여부가 그 항목의 실제값에 따라 결정되는(영향을 받는) 상황에서의 결측입니다. 가계조사에서 소득이 높을수록 소득의 응답을 기피하는 경향이 있다고 합시다. 즉, 같은 교육수준에서도 저소득, 중간소득, 고소득 가구의 응답률이 90%, 70%, 50% 등으로 차이가 있는 경우가 그렇습니다. 이런 경우 결측값을 관측자료의 평균으로 대체한다면 과소 편향이 발생할 것입니다 (관측자료에는 많은 고소득 가구가 누락되므로).

항목 무응답에 대한 대처방법은 무응답 상황에 따라 다릅니다.

1) MCAR (Missing Completely At Random): 이 경우엔 완전관측 자료만 분석하여도 됩니다. 그러나 대다수의 사례에서 항목 무응답을 MCAR 상황으로 가정하는 것은 너무 단순합니다.

2) MAR (Missing At Random): 이 경우엔 회귀 모형을 만들어 항목 무응답에 대처할 수 있습니다. 즉 결측값을 모형에 의한 예측값으로 대체하는 것입니다.

3) NI (Not Ignorable): 이것은 회귀 모형만으로는 대처하기 어렵습니다. 자료 외부적 정보와 판단이 필요합니다.

이하, MAR 상황에 활용할 수 있는 회귀 대체(regression imputation) 방법을 설명하기로 하겠습니다. 이 방법에서는, 결측값 대체가 필요한 변수(항목)를 종속변수로 하고 일련의 연관 요인들을 설명변수로 하는 회귀 모형을 만들어 결측값 대체에 활용합니다. 대체 방식으로는

1) 예측값으로 대체,   2) '예측값+임의잔차'로 대체

의 두 가지가 있습니다. 개별적인 정확성 측면에서는 1)이 좋고 분포적 특성(산포, 백분위수, 상관성 등) 측면에서는 2)가 좋습니다.

다음은 결측값을 포함하는 조사자료의 아주 간단한 예입니다.

개체:	1	2	3	4	5	6	7	8	9
교육	중졸	중졸	중졸	고졸	고졸	고졸	대졸	대졸	대졸
소득(관측)	100	100	100	200	200	*	300	*	*

실제 소득이 교육수준에 의해 결정된다고 봅시다. 즉, 중졸은 소득이 100이고 고졸은 200, 대졸은 300입니다. 그러면 회귀대체에 의한 결과는 다음과 같이 됩니다.

개체:	1	2	3	4	5	6	7	8	9
교육	중졸	중졸	중졸	고졸	고졸	고졸	대졸	대졸	대졸
소득(관측)	100	100	100	200	200	*	300	*	*
소득(대체)	100	100	100	200	200	200	300	300	300

다른 한 방법은 'EM 대체'입니다. 이 방법은 EM(Expectation-Maximization) 알고리즘을 활용합니다 (Dempster et al., (1977) Maximum Likelihood from Incomplete Data via the EM Algorithm. Journal of the Royal Statistical Society. Series B, 39. 1-38).

EM 알고리즘: E(=Expectation) 단계와 M(=Maximization) 단계로 구성됩니다.

전체 자료 X에 대한 모형화를 합니다. 이때 모형은 파라미터 θ를 포함합니다. 관측부분 X.obs와 결측부분 X.mis로 표기할 때,

1) E 단계: 관측 X.obs에 조건화하여 결측 X.mis에 대한 추정값을 구하여 결측부분을 대체합니다 (파라미터 θ의 잠정 추정값이 사용됩니다).

2) M 단계: X.obs와 X.mis를 모두 써서 θ에 대한 가능도함수

$$L(\theta \mid X.obs, X.mis)$$

를 최대화합니다. 여기서 구한 값을 θ로 놓고 E 단계로 갑니다.

회귀대체와 EM 방법 간에는 다음과 같은 장단점이 있습니다.

1) 성공적인 회귀 대체를 위해서는 설명력 높은 회귀 모형을 만들어야 합니다.

2) EM 방법이 성공적으로 적용되려면 확률모형이 적절하게 상정되어야 합니다. 실제로는 계산상의 어려움 때문에 다변량 정규분포가 상정되지만 이것이 적절할 수도 있고 그렇지 않을 수도 있습니다.

최신의 결측값 대체 방법으로는 다중 대체(multiple imputation) 방법이 있습니다. 이 방법에서는 결측값 대체를 1개 값으로 하지 않고 임의의 여러 값으로 합니다. 그 이유는, EM 대체 뿐 아니라 회귀 대체에서도, 관측 X.obs에 조건화하여 결측 X.mis를 생성해내게 되는데 이 때 암묵적으로 또는 명시적으로 '확률분포'에 의거하기 때문입니다. 확률분포에 따라 결측값을 최선의 1개 값으로 바꾸기보다는 여러 개의 임의값으로 대체하는 것입니다. 그 결과로 여러 세트의 대체 자료가 만들어집니다.

SPSS Statistics에서 결측값 분석과 대체는 Analyze 메뉴에서
▶ Missing Value Analysis
프로시저와
▶ Multiple Imputation
프로시저로 할 수 있습니다. 자세한 용법에 대하여는 SPSS Korea의 <SPSS Statistics 결측값 분석과 다중대체> (허명회, 데이타솔루션 2010)을 참조하십시오.

6. 맺음말

조사자료의 최대 활용을 위해서는 여러 다변량 기법을 잘 알아서 적재적소에 써야 합니다. 요인분석(factor analysis)은 잘 알려져 있기 때문에 이 장에서 다루지 않았습니다. 여기서 소개되지 않은 것으로 대응분석(correspondence analysis)이 있는데 이것은 2차원 교차표에 대한 차원축소·시각화 기법입니다. 이에 대하여는 허명회·양경숙의 <SPSS 다변량 자료분석> (한나래, 2000)을 참고하십시오.

초급수준의 통계조사론에 대하여는 허명회의 <SPSS 설문지 조사 방법: 기본과 활용> (한나래, 2010)을, 고급수준의 통계조사론에 대하여는 허명회의 <조사방법론 강의> (자유아카데미, 2010)를 참고하길 바랍니다.

이 강의를 위해서 SPSS사의 white paper인 "How to get more value from your survey data"를 많이 참고하였습니다. 한 번 읽어보길 바랍니다.

사진: 전화조사가 진행되고 있다.

2장. 데이터마이닝 지도학습

IT 기술의 진전과 보급에 따라 온 세상에 데이터가 깔려있습니다. 특히 비즈니스와 정부에서 그런 현상이 확연합니다. 신용카드 사용, 보험 가입/해지와 청구, 제품 생산과 유통의 관리, 주민 등록, 세금 청구/납부 등 데이터 넘침(data deluge)의 사례는 이루 헤아릴 수 없습니다. 이렇게 쌓인 데이터 더미를 파헤쳐 그 안에 숨어있는 보편적인 지식(knowledge)을 찾아내는 작업이 데이터마이닝(data mining)입니다.

데이터마이닝에서 목표와 기준이 뚜렷하게 있는 경우를 지도학습(supervised learning)이라고 하고 그렇지 않은 경우를 비지도학습(unsupervised learning)이라고 합니다.

지도학습의 예: 수많은 신용카드 결제 건들 중 일부는 정상결제이고 일부는 비정상결제인 상황에서, 어떤 조건들이 비정상결제의 전조(前兆)인지를 밝혀낸다면 카드사로서는 비정상거래로부터 자사의 고객들을 보호할 수 있고 동시에 자사의 금융손실을 막을 수 있을 것입니다. 이런 작업을 하려면 과거 신용카드 결제자료를 분석하여 정상결제와 비정상결제를 분류해내는 규칙을 만들어야 합니다. 그러므로 목표변수가 뚜렷한 경우입니다. 즉 목표변수는 결제의 정상성 여부입니다 (0=정상,1=비정상). 이와 같은 상황 하의 데이터마이닝 작업을 지도학습(supervised learning)이라고 합니다.[1]

데이터마이닝은 기계 학습(machine learning)이라고도 합니다. 그렇다고 실제 기계로 공부한다는 뜻은 아닙니다. 이것이 통계적 모형화라기보다는 데이터를 적합·축약해내는 공학적 알고리즘이라는 뜻입니다. 이 장에서는 지도학습의 대표적 방법론인 신경망(neural network) 알고리즘과 나무형 분류·회귀 알고리즘을 설명할 것입니다.

---

[1] 비지도학습의 예: 우리나라에서 성인 1인당 신용카드 보유수는 평균 4.6개라고 합니다. 굉장하죠. 그러니만큼 카드사 간 경쟁이 치열하고 경쟁의 핵심은 고객 니즈에 부응하는 카드 개발에 있습니다. 즉, 고객들의 소비행태를 잘 파악하여 한 카드로 결제를 몰아서 할 수 있는 맞춤형 카드가 준비되어야 함을 뜻합니다. 이를 위해서는 수많은 고객들을 소비행태에 따라 군락(群落)으로 묶어낼 필요가 있습니다. 그런데 소비행태라는 것은 몇 개 변수로 표현해내기 어렵습니다. 그럼에도 불구하고 데이터마이너(data miner)는 객관적으로 수긍할 수 있는 무엇을 만들어내야 합니다. 비지도학습(unsupervised learning)은 이런 마이닝 작업을 말합니다.

1. 신경망 알고리즘

신경망(神經網, neural networks)은 특정의 작업을 수행하는 몇 개의 뉴런(neuron, 신경세포)과 이것들이 배열된 층(layer)으로 구성됩니다. 신경망은 데이터 학습으로써 이들 뉴런을 연결해냅니다.

다음은 단순한 신경망 개념도입니다. 입력 층(input layer), 은닉 층(hidden layer), 출력 층(output layer) 등 3개 층으로 구성되어 있고 각 층은 몇 개씩의 뉴런을 포함하고 있습니다. 이후, 뉴런을 노드(node)라고도 할 것입니다.

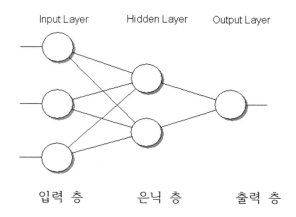

신경망은 생명체의 신경-두뇌 시스템을 흉내 낸 것입니다. 입력 노드가 자극(stimulus)을 접수하면 은닉 층의 뉴런이 이를 전달받아 중간 처리하고 최종적으로 출력 노드가 반응합니다. 따라서 신경망을 예측 목적에 쓰고자 하는 경우, 입력 층에 설명변수를 두고 출력 층에는 목표변수를 둡니다. 중간처리를 맡는 은닉 층은 숨겨진 부분으로 자료분석자가 노드 수를 지정할 수 있지만 특정 변수를 할당할 수는 없습니다.

MLP 구조

은닉 뉴런(hidden neuron)은 신경망의 핵심인데, 다층 퍼셉트론 (MLP, Multi-Layer Perceptron) 신경망에서는 다음과 같이 기능합니다.[2]

---

2) MLP 망 외 다른 신경망으로는 RBF(radial basis function) 망이 있습니다.

- 은닉 뉴런은 입력 층의 뉴런(입력변수)들로부터 전달되는 신호들을 선형결합 합니다. 즉, $X_1, \cdots, X_p$를 설명변수(입력 노드)라고 할 때 은닉 뉴런은 다음 신호를 전달 받습니다.

$$L = w_1 X_1 + \cdots + w_p X_p.$$

여기서 $w_1, \cdots, w_p$는 신경선(synapse)에 붙는 가중값(weight)입니다.

- L이 클수록 뉴런이 크게 활성화되고 작을수록 작게 활성화됩니다. 뉴런의 활성화 정도를 S라고 합시다. S가 제한된 범위의 값을 취하도록, L로부터 S로의 변환 $S = g(L)$에 시그모이드(sigmoid) 또는 쌍곡 탄젠트 변환이 적용됩니다. 여기서 시그모이드 및 쌍곡 탄젠트는 다음과 같이 정의되는 함수입니다 ($0 \le S \le 1$).

  • 로지스틱(logistic): $\qquad\qquad\qquad S = e^L / (1 + e^L)$,

  • 쌍곡 탄젠트(hyperbolic tangent): $S = (e^L - e^{-L}) / (e^L + e^{-L})$.

- 출력 노드는 은닉 뉴런으로부터 오는 신호들을 가중치로 결합하여 최종 반응을 내는데, 목표변수가 연속형인 경우에는 신호들의 가중치 결합을 그대로 취하지만 목표변수가 범주형인 경우에는 각 범주별 출력값이 0과 1 사이이고 합이 1이 되도록 변환합니다.

  • 소프트맥스(softmax): $\quad O_k = \dfrac{\exp(L_k)}{\displaystyle\sum_{j=1}^{K} \exp(L_j)}$, $\quad k = 1, \cdots, K$.

여기서 k는 출력 범주를 나타내는 인덱스이고 K는 출력 범주 수입니다.

RBF 구조

RBF(Radial Basis Functions, 방사형 기저함수) 망의 은닉 뉴런(hidden neuron)은 입력 노드로부터의 신호를 처리하는 방식에서 MLP 망의 은닉 뉴런과 다릅니다.

- RBF에서는 입력 노드(입력변수)로부터 전달되는 신호들을 중심 신호와의 거리에 역비례하는 강도로 변환합니다. $X_1, \cdots, X_p$를 설명변수(입력 노드)라고 할 때 은닉 뉴런은 다음과 같이 반응합니다.

$$R = \exp\left(-\frac{1}{2\sigma^2}\left\{(X_1 - \mu_1)^2 + \cdots + (X_p - \mu_p)^2\right\}\right).$$

여기서 $\mu_1, \cdots, \mu_p$는 각 신호의 중심 값입니다. R이 크면 뉴런이 크게 활성화되고 작으면 작게 활성화됩니다.

- 출력 노드는 은닉 뉴런으로부터 오는 신호들을 가중결합 합니다. 즉,

$$L = w_1 R_1 + \cdots + w_J R_J.$$

여기서 $R_1, \cdots, R_J$는 은닉 뉴런들의 활성화정도입니다 (J는 은닉 뉴런의 수). 목표 변수가 연속형인 경우에는 선형결합 L을 그대로 취하지만 목표변수가 범주형인 경우에는 MLP에서와 같이 소프트맥스(softmax) 변환을 적용합니다.

적합과 평가

망 적합(fitted network)은 해당하는 가능도 함수(likelihood function, 우도함수)를 역전파 알고리즘(back-propagation algorithm)으로 최대화하여 얻어집니다. 개념적으로, 이 알고리즘은 다음 두 지표를 조합하여 효율적인 계산을 추구합니다.

. 학습률(learning rate) $\eta > 0$, eta: 경사가 가장 높아지는 방향에 주는 강도.

. 모멘트(moment) $\alpha > 0$, alpha: 이제까지 이동하던 방향에 주는 강도.

신경망 적합 알고리즘은 임의의 위치에서 시작하되 처음에는 큰 학습률 η를 적용하여 적극적으로 최고점을 탐색하지만 점차 학습률을 줄여 더 이상 높아지지 않는 곳까지 갑니다. 그리고 임의의 다른 위치에서 시작하되 동일한 과정을 반복합니다. 이런 과정을 수십 번 반복하여 최고점을 취함으로써, 최종 도달한 곳이 국소(local) 최고점이 아닌 대역(global) 최고점이 되게 합니다.

이런 식으로 가능도(likelihood)가 최대가 되는 가중치 파라미터들을 찾아내기 때문에 훈련표본(training sample)에서만 통하는 과다한 최대화가 추구되기 십상입니다. 이것을 막기 위하여, 훈련자료와는 별도의 자료에서 가능도 값을 산출해볼 필요가 있습니다. 여기에 쓰이는 표본을 테스트 표본(test sample)이라고 합니다. 구축된 신경망의 성능을 공정하게 평가하기 위해서는, 훈련표본, 테스트 표본과 겹치지 않는 데이터셋(dataset)이 필요한데, 이런 자료를 유보표본(hold-out sample)이라고 합니다.

통상적으로, 주어진 자료의 70%를 훈련표본으로 쓰고 나머지 30%는 테스트 표본으로 쓰지만, 관측자료의 크기가 충분하다면, 주어진 자료의 50%를 훈련표본으로, 25%를 테스트 표본으로, 25%를 유보표본으로 분할하여 활용합니다.

MLP 사례 1: German Credit 자료

독일 신용 자료(German Credit Data; http://www.ics.uci/~mlearn 참조)는 은행에서 대출을 받은 1,000명에 대한 신용 관련 기록과 변수를 담고 있습니다. 표 1 참조.

종속변수 class는 개인신용 결과(1=good, 2=bad)이고, 설명변수는 20개의 각종 인구사회적 속성과 금융상태 정보로 구성되어 있습니다. 이들 중 7개는 연속형이고 나머지 13개는 범주형입니다.[3]

SPSS Neural Networks를 활용하여 class에 대한 MLP 신경망을 만들어보겠습니다 (SPSS Analyze ▶ Neural Networks ▶ Multilayer Perceptron).

<표 1> German Credit 자료의 변수 리스트 (파일명: german credit.sav)

	Name	Type	Width	Decimals	Label	Values	Missing	Colu...	Align	Measure
1	checking	String	4	0		None	None	6	Left	Nominal
2	duration	Numeric	4	1		None	None	7	Right	Scale
3	history	String	4	0		None	None	4	Left	Nominal
4	purpose	String	4	0		None	None	6	Left	Nominal
5	amount	Numeric	4	2		None	None	8	Right	Scale
6	savings	String	4	0		None	None	5	Left	Nominal
7	employ	String	4	0		None	None	8	Left	Nominal
8	install	Numeric	4	0		None	None	8	Right	Scale
9	marital	String	4	0		None	None	7	Left	Nominal
10	debt	String	4	0		None	None	4	Left	Nominal
11	residence	Numeric	4	0		None	None	8	Right	Scale
12	property	String	4	0		None	None	7	Left	Nominal
13	age	Numeric	4	1		None	None	8	Right	Scale
14	plan	String	4	0		None	None	4	Left	Nominal
15	housing	String	4	0		None	None	4	Left	Nominal
16	credits	Numeric	4	0		None	None	8	Left	Nominal
17	job	String	4	0		None	None	4	Left	Nominal
18	people	Numeric	4	0		None	None	8	Right	Scale
19	telephone	String	4	0		None	None	11	Left	Nominal
20	foreign	String	4	0		None	None	4	Left	Nominal
21	class	Numeric	4	0		None	None	8	Right	Nominal

---

3) 자세한 변수 설명은 《데이터마이닝: 모델링과 사례》(허명회·이용구, 2003)의 2장 참조.

스크린 1. SPSS Neural Networks의 MLP 화면: Variables 탭

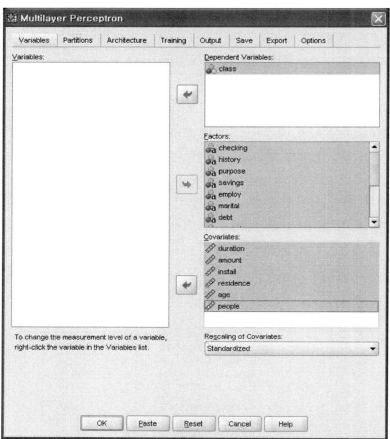

Multilayer Perceptron(MLP) 신경망의 주화면으로 종속변수(Dependent Variables)와 설명인자(Factors) 및 공변량(Covariates)이 지정된 상태를 보여줍니다. <u>Rescaling of Covariates</u>에서 공변량을 재척도화할 수 있는데 그 방식에는 다음과 같은 것들이 있습니다.

- **Standardized.** "(x-mean)/sd"로 바꿉니다. 여기서 sd는 표준편차. 변환변수는 평균 0, 표준편차 1이 됩니다.
- **Normalized.** "(x-min)/(max-min)"으로 바꿉니다. 여기서 min은 최소값, max는 최대값. 변환변수는 0과 1 사이 값을 취합니다.
- **Adjusted Normalized.** "2*(x-min)/(max-min)-1"로 바꿉니다. 변환변수는 -1과 1 사이 값을 취합니다.
- **None.** 어떤 변환도 하지 않습니다.

스크린 2. SPSS Neural Networks의 MLP 화면: Partitions 탭

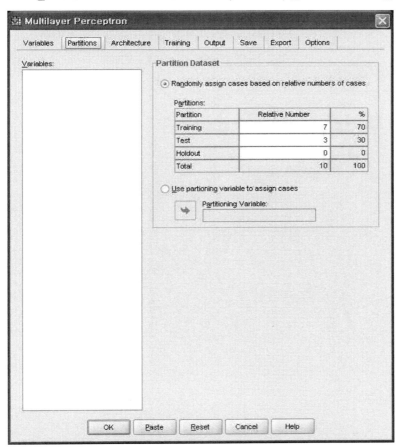

Partitions 탭에서 전체 자료를 훈련(training), 테스트(test), 유보(hold-out) 용도별 분할 비율을 숫자의 비(比)로 지정할 수 있습니다 (Randomly assign cases based on relative number of cases). 지정된 퍼센트에 따라 케이스(개체) 별로 임의로 용도가 정해지므로 실제 분할은 정확히 지정된 비율로 나뉘지는 않습니다.

위 화면은 훈련, 테스트, 유보 비율이 각각 70%, 30%, 0%로 지정된 상태를 보여줍니다. 전체자료를 특정변수(=할당변수) 값에 따라 훈련용, 테스트용, 유보용으로 나눌 수 있는데(Use partitioning variable to assign cases) 이 때 변수 값이 양인 케이스는 훈련 자료가 되고 0인 케이스는 테스트 자료, 음인 케이스는 유보 자료가 됩니다.

스크린 3. SPSS Neural Networks의 MLP 화면: Architecture 탭

Architecture 탭에서는 신경망의 구조가 지정됩니다. 이 화면에서는 사용자 맞춤 설계 (Custom architecture)가 선택되었습니다. 지정된 설계는 은닉 층 1개에 5개 뉴런을 넣은 신경망으로서, 은닉 뉴런에는 쌍곡 탄젠트 함수가, 출력 노드에서는 소프트맥스 함수가 활성화 함수로 지정되었습니다. 신경망 설계를 자동선택에 맡길 수도 있습니다 (Automatic architecture selection).

스크린 **4**. SPSS Neural Networks의 MLP 화면: Training 탭

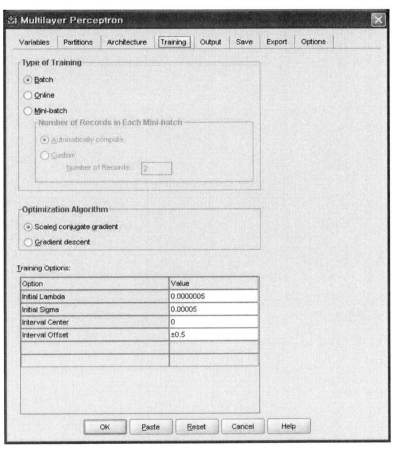

Training 탭에서는 신경망의 훈련(training, fitting) 방법이 지정됩니다. 훈련방식에는 Batch, Online, Mini-batch 등이 있습니다. Batch type은 훈련자료를 일시에 활용하므로 효율적이지만 자료크기에 제한이 있습니다. Online type은 1개 케이스를 훈련에 넣을 때마다 신경망을 업데이트하므로 효율적이지는 않지만 큰 크기의 자료에 적당할 수 있습니다. Mini-batch type은 Batch와 Online의 중간쯤 됩니다.

최적화 알고리즘(Optimization Algorithm)으로는 2가지(Scaled conjugate gradient, Gradient descent)가 있습니다.

스크린 5. SPSS Neural Networks의 MLP 화면: Output 탭

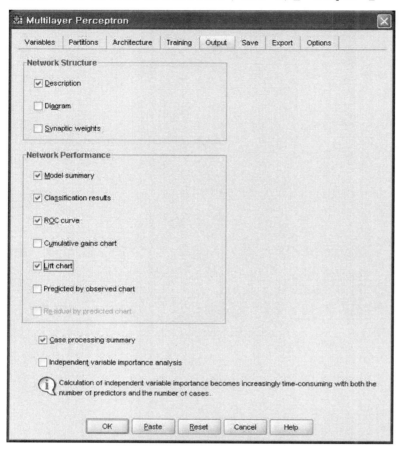

이 화면에서는 출력(Output) 옵션이 지정됩니다. 신경망 구조에 대한 간단한 기술, 신경망 성능을 정리한 모형요약(Model summary), 분류 결과(Classification results), ROC(Receiver Operating Characteristic) curve, 향상도(Lift chart) 등을 보기로 합니다. ROC와 Lift는 이후 출력결과의 해석 시 설명하기로 하겠습니다.

스크린 6. SPSS Neural Networks의 MLP 화면: Save 탭

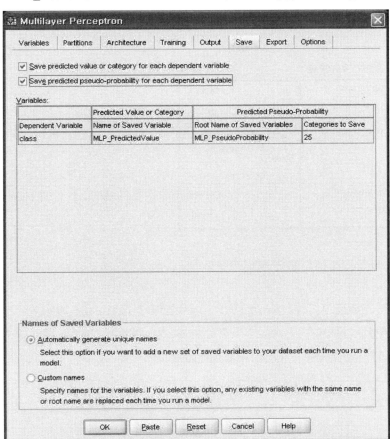

케이스별 종속변수에 대한 예측값 또는 예측범주를 새 변수로 저장할 수 있습니다. 또한 종속변수가 범주형인 경우 개별 범주에 대한 유사확률(pseudo-probability)을 새 변수로 저장할 수 있습니다. 저장된 새 변수들은 후속 분석에서 활용 가능합니다.

German Credit 자료에 대한 신경망 출력 결과를 보기로 하겠습니다. 다음은 모형요약입니다.

Model Summary

Training	Cross Entropy Error	318.172
	Percent Incorrect Predictions	22.5%
	Stopping Rule Used	1 consecutive step (s) with no decrease in error[a]
	Training Time	00시 00분 00초
Testing	Cross Entropy Error	143.365
	Percent Incorrect Predictions	22.9%

Dependent Variable: class

a. Error computations are based on the testing sample.

다음은 분류표입니다 (행: 관측범주, 열: 예측범주). 훈련자료에서 class 1로 관측된 케이스 중 신경망으로 옳게 예측된 비율이 87.2%이고 class 2로 관측된 케이스 중 옳게 예측된 비율은 56.0%로 나타났습니다. 테스트 자료에서는 class 1로 관측된 케이스 중 신경망으로 옳게 예측된 비율이 86.9%이고 class 2로 관측된 케이스 중 옳게 예측된 비율은 51.2%로 훈련자료에서와 비교하여 다소 작았습니다.

Classification

Sample	Observed	Predicted 1	Predicted 2	Percent Correct
Training	1	417	61	87.2%
	2	95	121	56.0%
	Overall Percent	73.8%	26.2%	77.5%
Testing	1	193	29	86.9%
	2	41	43	51.2%
	Overall Percent	76.5%	23.5%	77.1%

Dependent Variable: class

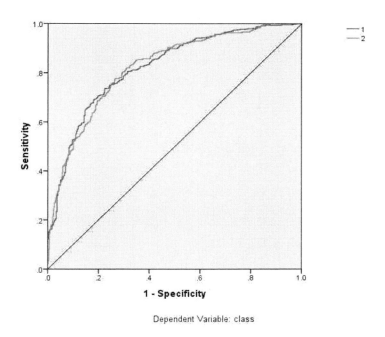

Dependent Variable: class

위 그래프는 ROC 곡선입니다. 즉 모든 가능한 분류규칙들에 대하여 1-Specificity(특이도)를 x축에, Sensitivity(민감도)를 y축에 플롯한 것입니다. 여기서

　　Specificity = Probability of correctly identifying a negative

　　Sensitivity = Probability of correctly identifying a positive

로 정의됩니다. 따라서 특이도는 negative를 negative로 보는 정확도이고 민감도는 positive를 positive로 보는 정확도입니다. 위 그림에서는 class 1을 positive로 간주한 경우와 class 2를 positive로 간주한 경우 각각에 대한 ROC를 볼 수 있습니다. 예측모형이 정확할수록 ROC 곡선은 45° 선에서 왼쪽 위 방향으로 멀리 떨어지게 됩니다.

AUC (Area Under the Curve)는 곡선 아래 면적을 말합니다. 45° 선은 완전임의 분류기에 해당하는 ROC 곡선이고 AUC가 0.5이므로 완전임의분류보다 우수한 분류기의 AUC는 0.5와 1사이의 값을 취합니다. 정확한 모형일수록 AUC 값이 크게 나타납니다.

Area Under the Curve

class		Area
class	1	.822
	2	.822

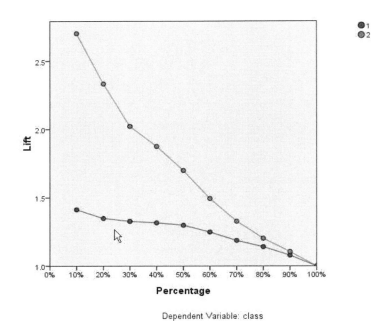

Dependent Variable: class

위 그림은 향상도 그래프인데, 향상도(lift)란 예측모형이 제공하는 점수(유사확률)를 기준으로 전체(=훈련+테스트) 자료의 상위 p%에 범주 값을 판단해 넣는 경우 그 중에서 실제 그 범주인 케이스들 가운데 옳게 분류된 케이스의 퍼센트(%)가 p의 몇 배인가로 정의됩니다. 위 그래프에서 p =10(%)에서 향상도는 class 1에 대하여 1.4 정도이고 class 2에 대하여는 2.7 정도입니다. 따라서 p가 증가할수록 향상도는 감소하는 패턴을 보이며 p=100(%)이면 향상도는 1이 됩니다.

2. 나무형 분류 · 회귀 알고리즘

SPSS 분류나무(Classification Tree)는 나무형의 분류 및 회귀 알고리즘을 제공합니다. 나무형이란 아래와 같은 생긴 것을 말하는데 실제로는 위·아래를 뒤집어 놓아야 나무 형태가 됩니다.

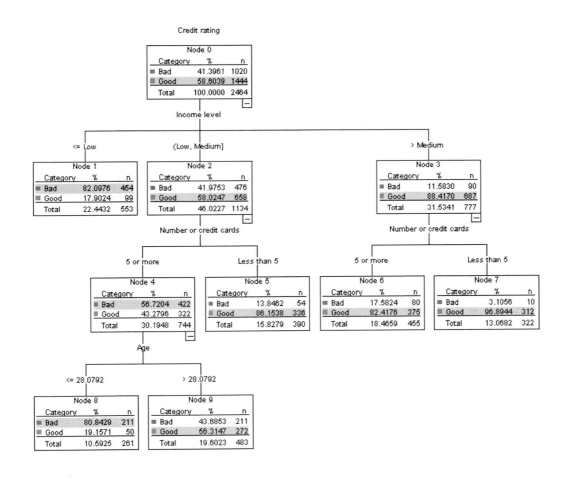

예: 신용카드 신청자들이 카드를 발급 받은 후에 어떤 신용상태가 될 것인지를 신청 자들의 개인별 인구사회적 속성과 금융거래 기록으로 예측할 필요가 있습니다. 분류 나무(classification tree)는 카드발급 신청자들을 위험이 큰 그룹과 작은 그룹으로 구 분하고 각 신청자들을 그렇게 구분하는 간단한 규칙을 제공합니다.

나무형 분류·회귀 알고리즘에는 CHAID, CRT, QUEST 등이 있는데, 적용결과에서는 다소의 차이가 있지만 알고리즘의 기본 원리는 유사하므로 이 강의에서는 CART(=CRT, Classification And Regression Tree) 알고리즘을 분류(classification) 위주로 설명하겠습니다. 즉, 목적변수가 범주형인 경우를 다루겠다는 말입니다.

나무형의 예측 규칙을 만들기 위해서는 각 노드에서 여러 설명변수 중 어느 것을 쓸 것인가를 정해야 합니다. 이때 CART 알고리즘은 지니 측도를 기준으로 합니다.

> 지니 측도(Gini measure): 이 측도는 불순도(impurity)를 나타내는 것으로 노드 F 에 진입한 개체들이 어느 한 변수에 의하여 $k \, (\geq 2)$개의 범주로 나뉘고 각 범주의 비율이 $p_1, \cdots, p_k$ 일 때, 노드 F의 지니 측도는 다음과 같이 정의됩니다.

$$\mathrm{Gini}(F) = 1 - \sum_{l=1}^{k} p_l^2.$$

예컨대 노드 F에 4개$(=k)$ 범주가 $(0.25, 0.25, 0.25, 0.25)$의 비율로 섞여 있는 경우

$$\mathrm{Gini}(F) = 1 - 0.25^2 \cdot 4 = 0.75$$

이지만, 노드 F'에 4개$(=k)$ 범주가 $(0.5, 0.25, 0.25, 0.0)$의 비율로 섞여 있는 경우

$$\mathrm{Gini}(F') = 1 - (0.5^2 + 0.25^2 + 0.25^2 + 0.0^2) = 0.625$$

로 $\mathrm{Gini}(F) > \mathrm{Gini}(F')$입니다. F에 비하여 F'에서 불순도가 작습니다.

만약 노드 F가 $p : q$의 비율로 2개의 노드 G_1과 G_2로 분리되는데 노드 G_1과 G_2의 지니 측도 값이 $\mathrm{Gini}(G_1)$과 $\mathrm{Gini}(G_2)$라면, 노드 분리에 의해 지니 기준에서

$$\mathrm{Gini}(F) - [\, p\,\mathrm{Gini}(G_1) + q\,\mathrm{Gini}(G_2)]$$

만큼 향상된 것입니다 $(p + q = 1)$. 예컨대 크기가 200이고 지니 측도가 0.75인 노드 F가 각각 크기가 100인 노드 G_1과 G_2로 분리되었는데 $\mathrm{Gini}(G_1) = \mathrm{Gini}(G_2) = 0.625$였다면 노드 분리에 의해 지니 기준의 향상은 0.125 (=0.75-0.625)입니다.

CART 알고리즘은 각 노드를 어느 변수로 어떻게 분리하는 것이 지니 측도 기준에서 향상이 가장 큰가를 찾아냅니다. 그런데 노드 분리만 계속하다보면 새로 생성되는 노드들이 지나치게 작아지게 되므로 일정 기준을 정하여 노드 분리를 정지합니다.

기계학습에서는 자료가 상당히 큰 경우를 다룹니다. 따라서 자료를 분할해 활용합니다.

자료셋 분할(dataset partition): 모형적합과 평가

모형적합(=훈련) 표본과 모형평가(=테스트) 표본은 겹침이 없어야 합니다. 표본이 겹치는 경우 적합모형은 과다하게 우수한 것으로 평가될 수 있기 때문입니다.

훈련(적합, training) 대 평가(testing)

For fair evaluation of the models, supervised models are tested with separate dataset from the training dataset by which the models are built.

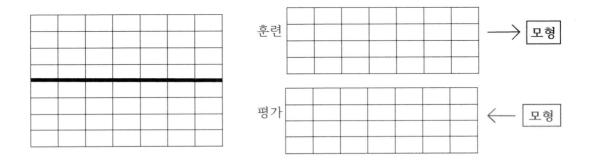

교차 타당성(cross-validation) 방법: 모형적합과 평가

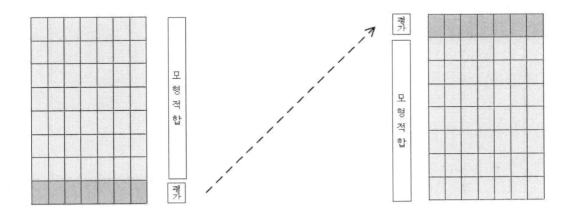

표본이 그다지 크지 않은 경우에는 자료를 K개 부분으로 만들어 이 중에서 $K-1$개 부분으로 모형적합(=훈련)을 하고 남은 1개 부분으로 평가(=테스트)를 합니다. 그런데 평가표본의 선택에 있어 K개 경우가 가능합니다. 따라서 모형적합과 평가가 K번에 걸쳐 수행됩니다. 그러니만큼 계산량이 K배로 늘어납니다.

<표 1> Credit Rating 자료 ($n = 2464$, 일부, 파일명: tree_credit.sav)

	Credit_rating	Age	Income	Credit_cards	Education	Car_loans
1	0	36.22	2	2	2	2
2	0	21.99	2	2	2	2
3	0	29.17	1	2	1	2
4	0	32.75	1	2	2	1
5	0	36.77	2	2	2	2
6	0	39.32	2	2	2	2
7	0	31.70	2	2	2	2
8	0	34.72	1	2	1	2
9	0	31.53	1	2	1	2
10	0	24.78	2	2	2	2
11	0	22.76	1	2	2	2
12	0	45.97	1	2	1	2

⋮

표 1 자료의 분석에 나무형 분류를 적용해 보겠습니다. 신용등급의 분류가 목적인 이 자료는 다음 변수들로 구성되어 있습니다.

> Credit rating : 신용등급(0="bad", 1= "good")
> Age   : 나이
> Income   : 소득수준(1= "low", 2= "medium", 3= "high")
> Credit_cards : 신용카드 수(1= "less than 5", 2= "5 or more")
> Education   : 교육수준(1= "high school", 2= "college")
> Car_loans   : 자동차 대출 건수(1= "none or 1", 2= "2 or more")

나무형 분류를 위한 SPSS 절차는 다음과 같습니다.

> ▶ Analyze
>> ▶ Classify
>>> ▶ Tree...

다음이 첫 화면입니다.

스크린 1. SPSS Decision Tree 화면

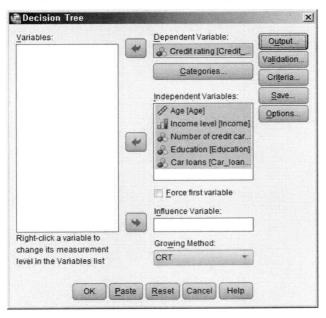

Credit rating을 Dependent Variable에 넣습니다. Age 외 4개 변수를 Independent Variables에 넣습니다.

Growing Method에 CRT를 선택하여 넣습니다.

다음으로 넘어가지 전에 Categories 막대를 누릅니다.

스크린 1.1 SPSS Decision Tree의 Categories 탭

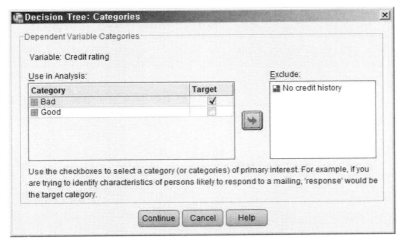

'Bad'를 목표 범주로 지정.

스크린 2. SPSS Decision Tree의 Validation 탭

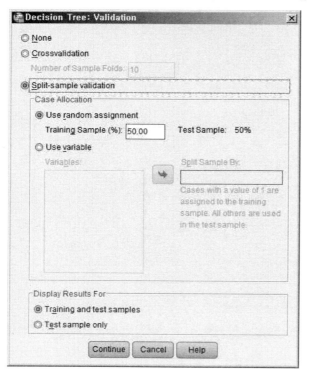

Split-sample validation으로써 자료분할을 합니다. 여기서는 모형적합(training)을 위해 자료의 50%를, 평가(test)를 위해 나머지 50%를 임의 할당하였습니다.

스크린 3.1 SPSS Decision Tree의 Criteria 탭

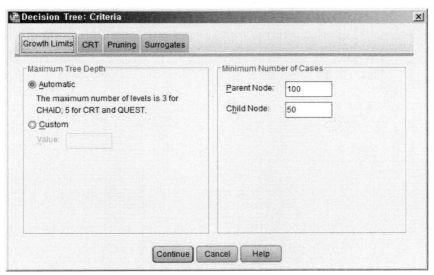

나무 크기를 정하는 화면입니다. 나무의 최대 깊이를 Automatic으로 두었는데 이것은 CART의 경우 5에 해당합니다 (즉 최대 5단계). 노드의 최소 크기도 지정되었습니다. 母노드 크기는 100, 子노드 크기는 50입니다. 이것은 크기 100 미만의 노드는 더 이상 분리되지 않으며 크기 50 미만의 노도로는 분리되지 않음을 뜻합니다.

스크린 3.2 SPSS Decision Tree Criteria 탭의 CRT

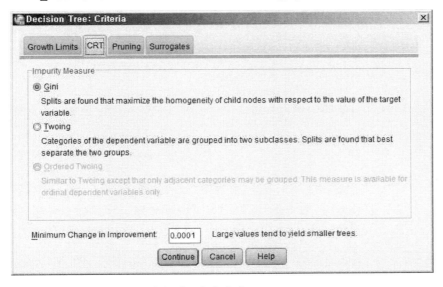

Gini 측도가 기준으로 사용될 것입니다.

스크린 1로 돌아가 OK를 누르면 다음 출력이 나타납니다.

Training Sample에 대한 나무 분류: 일부

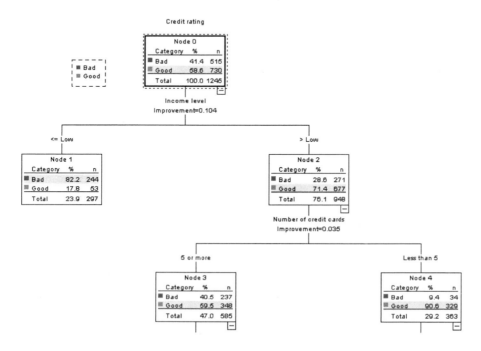

- Node 0에는 Credit rating='Bad' 515개(41.4%) 개체와 'Good' 730개(58.6%) 개체가 혼재되어 있습니다.

- 첫 노드 분리는 Income level에 의해 이루어집니다.

- 노드 0의 구노드인 노드 1은 Income level='<= Low'인 총 297개 개체로 구성되는데 그 중 244개(82.2%) 개체는 Credit rating='Bad'이고 53개(17.8%) 개체는 Credit rating='Good'입니다. 노드 1은 더 이상 분리되지 않습니다.

- 노드 0의 다른 한 구노드인 노드 2는 Income level= '> Low'인 총 948개 개체로 구성되는데 그 중 271개(28.6%) 개체는 Credit rating='Bad'이고 677개(71.4%) 개체는 Credit rating='Good'입니다.

- 노드 2는 Number of credit cards='5 or more'와 'less than 5'로 분리됩니다.

⋮

테스트 표본에 대한 나무 분류는 아래와 같습니다.

Test Sample에 대한 나무 분류: 일부

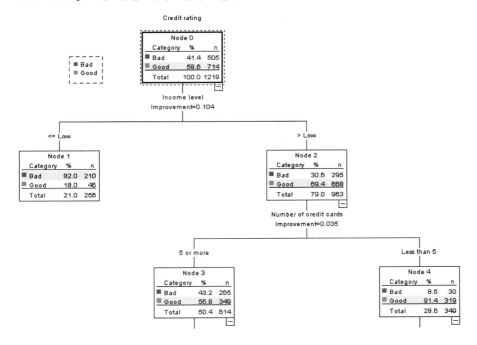

- 앞의 Training Sample에 대한 나무 분류와 구조는 같습니다. 숫자는 다릅니다.

2×2 분류표

Classification

Sample	Observed	Predicted Bad	Predicted Good	Predicted Percent Correct
Training	Bad	415	100	80.6%
	Good	135	595	81.5%
	Overall Percentage	44.2%	55.8%	81.1%
Test	Bad	397	108	78.6%
	Good	144	570	79.8%
	Overall Percentage	44.4%	55.6%	79.3%

Growing Method: CRT
Dependent Variable: Credit rating

- Training Sample: Credit rating='Bad'로 관측된 515개 개체 가운데 'Bad'로 예측된 개체는 415개입니다. 따라서 'Bad'의 정(正)비율(Percent Correct)은 80.6% (=415/515)입니다. 반면, Credit rating='Good'로 관측된 730개 개체 가운데 'Good'로 예측된 개체는 595개이고 'Good'의 정(正)비율은 81.5%(=595/730)입니다.

- Test Sample: Credit rating='Bad'로 관측된 505개 개체 가운데 'Bad'로 예측된 개체는 397개이고 정(正)비율은 78.6%입니다. Credit rating='Good'로 관측된 714개 개체 가운데 'Good'로 예측된 개체는 570개이고 정(正)비율은 79.8%입니다.

Risk

Sample	Estimate	Std. Error
Training	.189	.011
Test	.207	.012

Growing Method: CRT
Dependent Variable: Credit rating

- Training Sample: 총 오분류 비율은 18.9% (=(100+135)/1245)입니다. 이에 대한 표준오차는 1.1%P입니다.

- Test Sample: 총 오분류 비율은 20.7% (=(108+144)/1219)입니다. 이에 대한 표준오차는 1.2%P입니다.

- 일반적으로, 모형적합표본(training sample)에서의 총 오분류 비율에 비해 평가표본(test sample)에서의 총 오분류 비율이 다소 큰 경향이 있습니다.

3. 요약과 정리

이 강의에서 다룬 신경망 알고리즘과 나무형 분류·회귀 알고리즘은 크기가 큰 자료에 적용되는 지도학습(supervised learning) 기법입니다. 데이터마이닝(data mining) 상황에 적용되며 유연성이 강점입니다. 통계학적으로는 비모수적(nonparametric) 모형화로 볼 수 있습니다.

신경망 알고리즘은 인간의 신경-두뇌 시스템을 본 딴 것으로 자극의 입력, 중간처리, 결정(출력)의 층으로 구성됩니다. 중간층에는 외부에서는 볼 수 없는 뉴런(노드)이 작동하여 입력과 출력 사이에서 정보를 결합하고 처리합니다.

나무형 분류·회귀 알고리즘은 개체들의 순도(purity)를 높이기 위한 불특정수의 분리 단계로 구성됩니다. 따라서 앞 단계에 비교하여 뒤 단계에서 더 정확한 예측을 할 수 있습니다. 또한 예측 규칙이 나무 형태를 취하므로 일반인도 쉽게 이해할 수 있고 각 단계의 분리 규칙을 유사성에 기반하여 다른 규칙으로 대체할 수 있으므로 일부가 결측된 자료에도 무리 없이 적용할 수 있습니다.

나무형 알고리즘의 단점이라면 출력이 다소 불안정하다는 것인데, 그런 불안정성은 모형 앙상블, 즉 배깅(bagging)과 부스팅(boosting)으로 대처하면 상당한 보완을 기대할 수 있습니다 (3장 참조).

3장. 선형회귀 앙상블

이 강의에서는 최신 회귀모형 구축방법인 자동선형(automatic linear) 회귀의 모형 앙상블(model ensemble)을 소개합니다. 또한 붓스트랩 표본으로부터 생성되는 회귀모형들을 총합해내는 배깅(bagging) 기법과 예측오차가 큰 구역에 집중하여 회귀모형을 개선시키는 부스팅(boosting) 기법을 다룹니다.

1. 모형 앙상블

SPSS Statistics 자동선형회귀(Automatic Linear Regression)는 '모형 앙상블'을 제공합니다. 모형 앙상블(model ensemble)은 1개 모형이 아니라 다수 모형의 모둠을 말하는 것으로, 이것은 일종의 집단지성이라고 할 수 있습니다.[1] 최신 통계학 연구자들이 제시하는 모형 앙상블에는 다음 두 가지 유형이 있습니다.

유형 1: 배깅(bagging). 공식적으로 bagging은 **bootstrap aggregating**(붓스트랩 총합)의 약어이지만 가방(bag)에 쓸어 담음이라는 뜻으로 이해해도 됩니다. 그림 1의 왼쪽을 보세요. 그러면 붓스트랩이 무엇인지, 어떻게 총합을 하느냐는 조금 후에 말하겠습니다.

유형 2: 부스팅(boosting). 영어단어 boosting은 밀어 나가게 함을 의미합니다. 그러므로 부스팅은 부스터, 즉 성능 향상기입니다. 그림 1의 오른 쪽을 보세요.

2. 배깅(bagging)

우리의 분석표본을 $(\boldsymbol{x}_1, y_1), \cdots, (\boldsymbol{x}_n, y_n)$으로 표기하기로 하겠습니다. 여기서 $\boldsymbol{x}_i$는 설명변량(벡터)이고 y_i는 종속값입니다 $(i = 1, \cdots, n)$. 배깅을 위해서는 1개의 분석표본을 K개의 분석표본으로 '뻥튀기'를 합니다. 그런 것이 어떻게 가능하냐면?...

---

[1] 집단지성(collective intelligence): 개별적으로는 약하지만 합체되면 강해지는 지적 능력을 일컫습니다. 이것이 작동하기 위한 조건으로는 1) 구성원의 다양성, 2) 구성원 간 독립성, 3) 통합 메커니즘의 작동 등이 있습니다. 관련 속담으로는 '백지 한 장도 맞들면 낫다', 'Two heads are better than one' 등이 있습니다. [한국어 위키피디어 참조]

<그림 1> 가방(bag)과 부스터 모터사이클

분석표본 $(x_1, y_1), \cdots, (x_n, y_n)$에서 n개 개체를 복원임의추출합니다. 복원임의추출 (random sampling with replacement)이란 한 번 뽑힌 개체가 다시 뽑힐 수 있도록 추출 상자에 다시 넣어 n번의 추출을 독립적으로 같은 상자에서 하는 방법입니다. 그러므로 같은 개체가 여러 번 뽑힐 수 있고 또는 한 번도 뽑히지 않을 수 있습니다.

복원추출을 K번 반복하면 다음과 같이 표기될 수 있는 자료 셋이 생성됩니다.

반복 1: $(x_1^{*(1)}, y_1^{*(1)}), \cdots, (x_n^{*(1)}, y_n^{*(1)})$.
$\vdots$
반복 K: $(x_1^{*(K)}, y_1^{*(K)}), \cdots, (x_n^{*(K)}, y_n^{*(K)})$.

이와 같은 K개 자료 셋을 붓스트랩 표본들(bootstrap samples)이라고 하는데, 여기서 20세기 후반 통계학 분야에서 최고 업적으로 평가되는 에프론(B. Efron) 교수의 붓스트랩 방법이 출발합니다 (5장 참조).

반복 $k (=1, \cdots, K)$에서 생성된 붓스트랩 표본 $(x_1^{*(k)}, y_1^{*(k)}), \cdots, (x_n^{*(k)}, y_n^{*(k)})$로부터 선형회귀모형을 만듭니다. 이런 식으로 모두 K개의 적합모형이 만들어집니다.

x에서의 y 예측값을 $\hat{y}(x)$로 표기한다면, 각 모형마다 예측값이 다를 것이므로 K개의 예측값이 만들어집니다. 이것들을 $\hat{y}_1(x), \cdots, \hat{y}_K(x)$로 나타냅니다.

이들을 총합하는 대표적 방법은 예측값이 연속형 수치이면 평균 또는 중간값(median)
이고 예측값이 명목형 범주이면 최빈 범주입니다. 회귀모형에서는 예측값이 연속형이므
로 배깅 예측값은 다음과 같이 됩니다 (평균).

$$\hat{\bar{y}}(\boldsymbol{x}) = \frac{1}{K}\left(\hat{y}_1(\boldsymbol{x}) + \cdots + \hat{y}_K(\boldsymbol{x})\right).$$

배깅 방법은 브라이만(Breiman) 교수에 의해 개발되었습니다 (Breiman, L. (1996)
"Bagging predictors". Machine Learning 24 (2): 123-140.) 다음은 배깅의 개념도입
니다 (그림 2). 말하자면 손오공 분신술(分身術)이라고 하겠습니다.

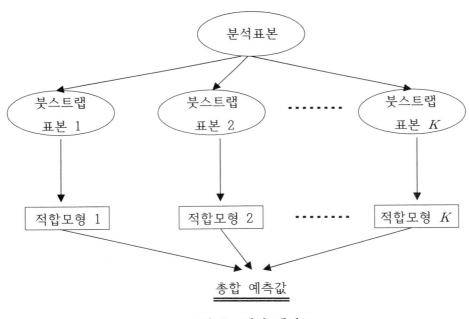

<그림 2> 배깅 개념도

3. 부스팅(boosting)

부스팅, 즉 '밀어올림'은 우리가 시험을 잘 보기 위해서 쓰는 흔한 트릭인 오답(誤答)
노트와 비슷합니다. 즉, 시험을 보면서 자신이 틀렸던 문제를 노트에 적고 이것들에 집
중하는 것이지요. 그러면 같은 문제를 또 틀리는 어리석음에서 벗어날 수 있고 자신의
빈 구멍을 스스로 알게 됩니다.

회귀모형에 대한 부스팅 기법은 다음과 같습니다 (Adaptive Boosting, AdaBoost)[2].

   1) 분석표본에 모형을 적합시켜 예측치와 오차를 산출한다.

   2) 오차가 큰/작은 개체에 대하여는 큰/작은 가중치를 부여한다.

   3) 변경된 가중치로 모형을 재적합하고 단계 1로 돌아간다 (일정 횟수).

   4) 최종적으로 이제까지 도출된 모형들을 총합한다. 총합의 방법은 모형가중치
     가 고려된 중간값, 즉 가중 중간값(weighted median)이다.[3]

그러니까 부스팅의 기본 아이디어는 예측력이 부진한 개체에 포커스를 둠으로써 모형을
점진적으로 개선한다는 것입니다. 개념도는 다음과 같습니다 (그림 3).

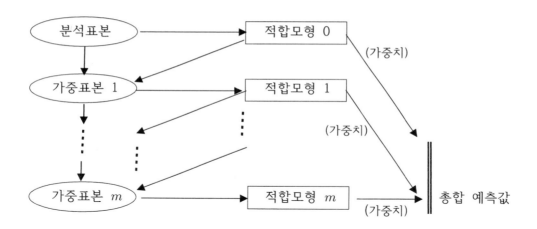

그림 3. 부스팅 개념도

---

2) Freund, Y. and Schapire, R.E. (1995) "A decision-theoretic generalization of online
learning and an application to boosting", Proceedings of the 14th International
Conference on Machine Learning (edited by Fisher, D.H.), 107-115.
IBM SPSS Statistics 19 Algorithms 매뉴얼의 296-307쪽 참조.
3) 모형가중치는 모형의 예측 정확도에 따라 다른데, 실적이 좋은 모형에 붙는 가중치는 실적이
나쁜 모형에 붙는 가중치보다 크다.

4. 사례: 기업수익률 모형

표 1의 기업수익률 자료는 30개(= n) 기업 DS, DC, … 에 대한 id, pe, … , payout1 등 8개 변수로 구성되어 있습니다. 이 자료에서 목표변수, 즉 종속변수는 pe (price-to-earnings ratio, 주가수익비율)입니다. pe에 대한 설명변수로는 id를 뺀 나머지 변수들 ror5, de, salesgr95, eps5, npm1, payoutr1 등을 생각해볼 수 있습니다.

<표 1> 기업수익률 자료 (파일명: finance.sav)

	id	pe	ror5	de	salesgr5	eps5	npm1	payoutr1
1	DS	9.00	13.00	.70	20.20	15.50	7.20	.43
2	DC	8.00	13.00	.70	17.20	12.70	7.30	.38
3	SC	8.00	13.00	.40	14.50	15.10	7.90	.41
4	DP	9.00	12.20	.20	12.90	11.10	5.40	.57
5	UC	5.00	10.00	.40	13.60	8.00	6.70	.32
6	PN	6.00	9.80	.50	12.10	14.50	3.80	.51
7	GR	10.00	9.90	.50	10.20	7.00	4.80	.38
8	HR	9.00	10.30	.30	11.40	8.70	4.50	.48
9	MN	11.00	9.50	.40	13.50	5.90	3.50	.57
10	AC	9.00	9.90	.40	12.10	4.20	4.60	.49

이런 상황에서는 통상적으로 다중선형회귀분석을 하게 됩니다. 다중선형회귀에서, 종속변수는 pe이고 설명변수는 ror5, de, salesgr95, eps5, npm1, payoutr1 등이 되겠습니다. 다음이 SPSS Regression · Linear의 출력입니다.

Model Summary

Model	R	R Square	Adjusted R Square	Std. Error of the Estimate
1	.739[a]	.546	.427	2.11680

a. Predictors: (Constant), payoutr1, de, salesgr5, npm1, eps5, ror5

Coefficients^a

Model		Unstandardized Coefficients		Standardized Coefficients	t	Sig.	Collinearity Statistics	
		B	Std. Error	Beta			Tolerance	VIF
1	(Constant)	1.241	3.211		.387	.703		
	ror5	.041	.169	.066	.244	.810	.266	3.763
	de	-2.551	2.465	-.206	-1.035	.312	.498	2.010
	salesgr5	.203	.113	.294	1.789	.087	.733	1.364
	eps5	-.036	.059	-.145	-.615	.544	.354	2.826
	npm1	.350	.138	.489	2.530	.019	.528	1.896
	payoutr1	9.862	3.340	.576	2.953	.007	.520	1.924

a. Dependent Variable: pe

결정계수 R^2 이 54.6%로 나왔습니다. 6개 설명변수 중 payoutr1, npm1, salesgr5 등은 통계적으로 유의한 것으로 나타났으나 (양측 p-값 < 0.10) ror5, eps5, de 등의 유의성은 입증되지 않았습니다.

이 사례에서 총 관측 수 n 이 30인데 절편항을 제외하고도 설명변수가 6개(= p)이므로, 그 상대적 비 p/n 은 선형회귀모형이 부담을 느끼는 한계점인 0.2입니다. 따라서 적합모형의 불안정성이 예상됩니다.

한 가지 대안적 방법은 전진선택(forward selection) 방법으로 일부 설명변수를 선택을 하는 방법입니다. 그런데 변수선택 방법은 일반적으로 불안정하다는 것이 잘 알려져 있습니다. 즉 n 개 개체의 일부만 바뀌어도 선택 모형이 확 달라질 수 있다는 것이지요. 바로 이와 같이 적합모형이 불안정한 경우 배깅이 유용한 대처 방법입니다.

이를 위하여
  SPSS Statistics
    ▶ Analyze
      ▶ Regression
        ▶ Automatic Linear Modeling
에 들어갑니다. 그러면 다음과 같이 화면이 이어집니다.

스크린 1

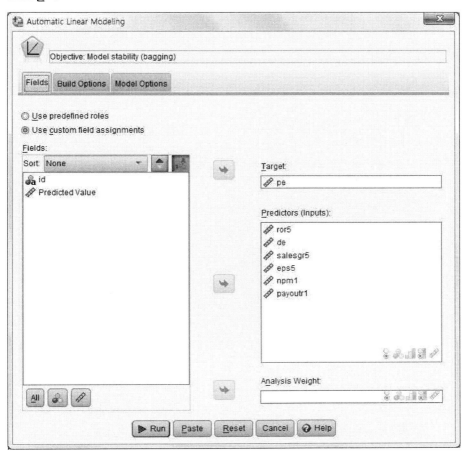

Target(종속)변수와 Predictors(설명변수, 예측변수)를 지정합니다. 여기서는 Bagging을 먼저 해보도록 하겠습니다.

스크린 2

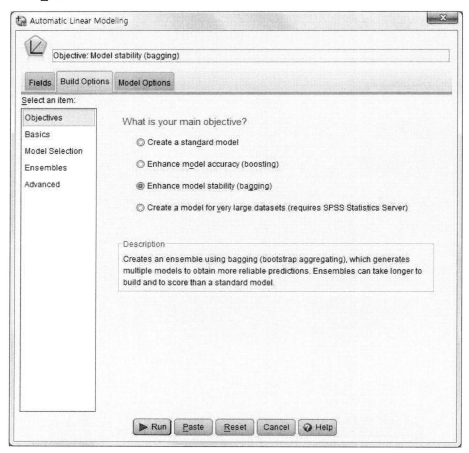

Bagging (배깅)을 지정합니다.

스크린 3

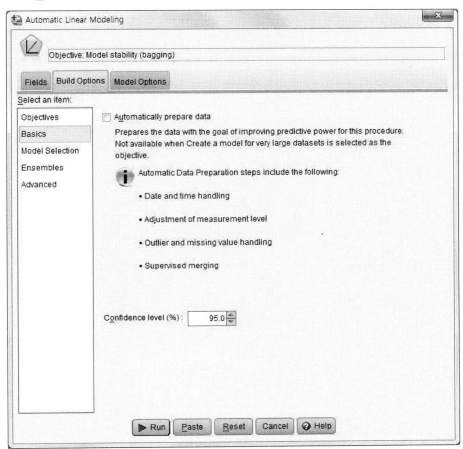

Automatically prepare data를 억제시킵니다. 이것이 작동하는 경우엔 특이점과 결측 값 등이 자동 처리됩니다 (분석자의 통제를 벗어남을 의미).

스크린 4

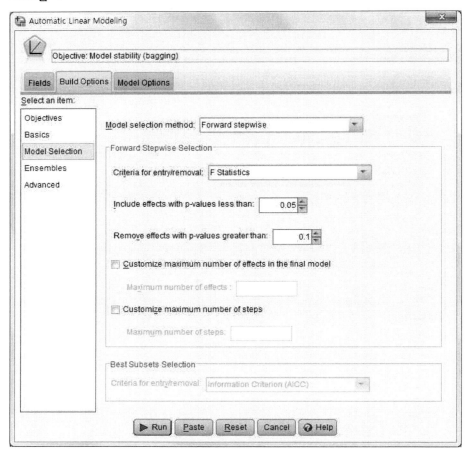

Model selection method로 Forward stepwise를 선택하고 Criteria for entry/removal에 F Statistics를 지정합니다.

스크린 5

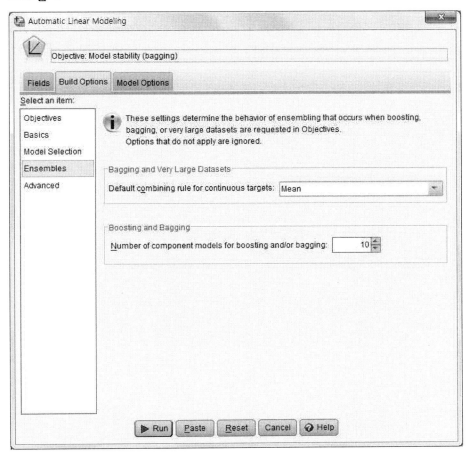

Default combing rule for continuous targets에 Mean을 지정합니다.

스크린 6

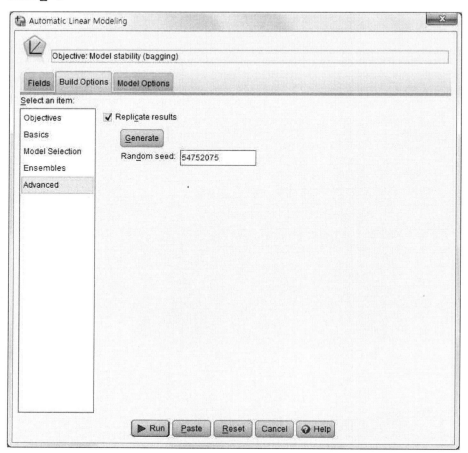

Random seed에 특정 숫자가 들어가게 합니다 (직접 타이핑 또는 <u>Generate</u> 누름).

스크린 7

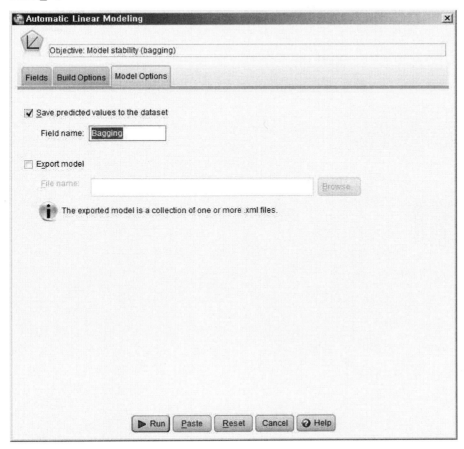

Save predicted values to the dataset에 예측변수 명으로 Bagging을 넣습니다. 그 결과, 다음과 같은 출력이 나옵니다 (Model Viewer)

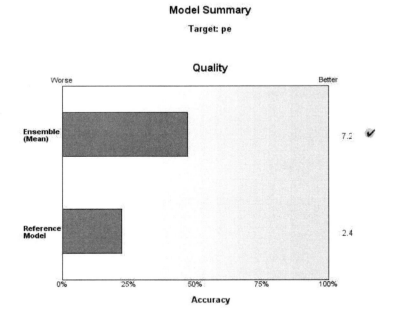

Model Summary

Target: pe

Ensemble의 Accuracy(R^2)는 47.2%, Reference Model의 Accuracy는 22.4%입니다. 따라서 F-검정에 의한 전진선택 모형에 배깅(bagging)을 적용함으로써 모형 정확도가 크게 향상되었음을 볼 수 있습니다.

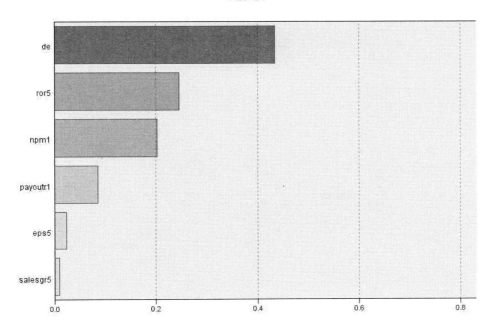

Predictor Importance

Target: pe

각 예측변수의 중요도를 보여줍니다. 여기도 중요도는 각 변수가 오차제곱합의 감소에 기여한 정도에 대한 지표입니다. 다음 순서는 de, ror5, npm1, payoutr1 등이었고 eps5와 salesgr5는 무시할 만 하였습니다.

Component Model Details

Model	Accuracy	Method	Predictors	Model Size (Coefficients)	Records
1	20.2%		1	2	30
2	42.1%		3	4	30
3	20.0%		2	3	30
4	45.7%		3	4	30
5	32.5%		3	4	30
6	23.2%		4	5	30
7	30.7%		3	4	30
8	14.4%		3	4	30
9	19.5%		1	2	30
10	4.2%		1	2	30

성분모형에 대한 세부적 사항을 보여줍니다. 개별적 적합모형의 정확도는 4.2%에서 45.7%에 걸쳐 있습니다. 모형에 포함된 설명변수도 작게는 1개부터 많게는 4개까지 차이가 있습니다.

Linear Models

Linear models predict a continuous target based on linear relationships between the target and one or more predictors.

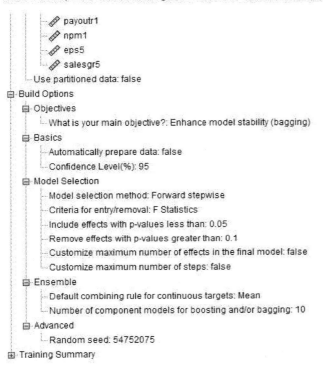

마지막으로, 이 출력은 Automatic Linear Modeling에 적용된 세팅을 보여줍니다.

이제부터는 Boosting을 해보겠습니다.

- 스크린 1은 앞과 같습니다.

- 스크린 2에서는 Bagging 대신 Boosting을 선택합니다.

- 스크린 3은 앞과 같습니다.

- 스크린 4에서는 Forward Stepwise의 방법으로 Criteria for entry/removal로 F Statistics 대신 AICC를 시도해보겠습니다. AICC는 유한표본수정이 적용된 아카이케(Akaike)의 정보량기준(Information Criterion)입니다. AICC는 음의 최대가능도 값과 적합 파라미터 숫자가 결합된 통계량인데, 변수가 추가됨에 따라 음의 최대가능도가 감소하는 한편 적합 파라미터 숫자가 증가하므로 적정수준에서 AICC가 가장 작은 값을 취합니다.

- 스크린 5는 앞과 같습니다.

- 스크린 6은 앞과 같습니다.

- 스크린 7에서는 Save predicted values to the dataset의 변수명(Field name)을 Boosting으로 합니다.

이런 세팅 하에서 Automatic Linear Modeling을 실행시키면 다음과 같이 출력이 나타납니다.

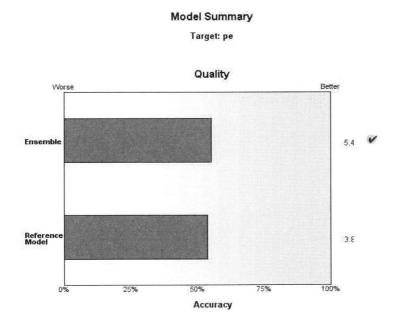

Ensemble의 정확도는 55.4%이고 Reference Model의 정확도는 53.8%입니다. 준거모형(Reference Model)의 정확도에 있어서 앞의 F Statistics에 의한 전진선택법에 비해 큰 차이로 향상된 것으로 나타났습니다. 그런데 Boosting이 Reference Model보다 더 나아보입니다.

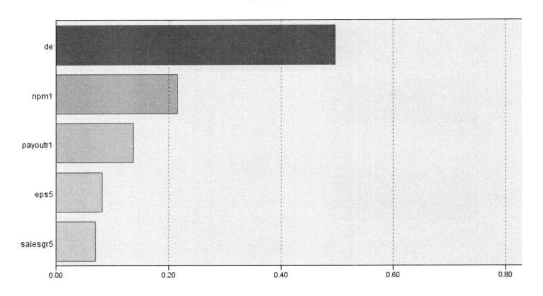

예측변수의 중요도는 de, npm1, payoutr1, eps5, salesgr5의 순서였고 ror5는 나타나지 않았습니다. 이는 ror5가 한 번도 선택되지 않았음을 의미합니다. 앞과는 다른 결과입니다.

Component Model Details

Model	Accuracy	Method	Predictors	Model Size (Coefficients)	Records
1	53.8%		4	5	30
2	42.5%		3	4	30
3	36.4%		5	6	30
4	35.9%		3	4	30
5	47.3%		3	4	30
6	24.0%		2	3	30
7	47.0%		3	4	30
8	41.9%		3	4	30
9	11.2%		3	4	30

성분모형에 대한 세부적 사항을 보여줍니다. 10개 모형을 지정하였지만 실제로는 9개 모형만 만들어졌습니다. 개별적 적합모형의 정확도는 11.2%에서 53.8%에 걸쳐 있습니다. 모형에 포함된 설명변수도 작게는 2개부터 많게는 5개까지 차이가 있습니다.

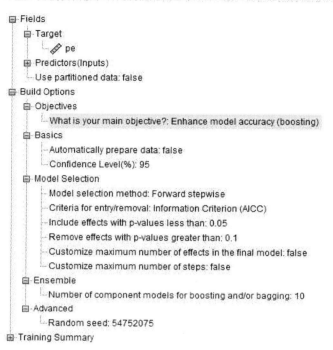

마지막으로, 이 출력은 Automatic Linear Modeling에 적용된 세팅을 보여줍니다.

5. 정리

모형의 안정성(stability)은 착한 모형이 갖추어야 할 한 가지 미덕입니다. 그런데 배깅 (bagging), 즉 붓스트랩 총합은 회귀와 분류에서 모형을 안정화시키는 역할을 합니다. 개별모형은 다소 불안정하더라도, 그런 개별 모형들을 총합함으로써 만들어지는 모형은 안정적이라는 것입니다. 다시 말하면, 총합모형 예측값은 개별모형의 예측값에 비하여 분산이 작아집니다. 그러므로 정확성의 향상도 기대해볼 수 있습니다.

SPSS 자동선형회귀 모형 앙상블에서는 선형회귀모형을 배깅합니다만, 원래 배깅은 분류·회귀 나무(classification and regression tree)에 적용될 때 큰 효과가 나타납니다. 여기서 배운 배깅이 여러 경우에 적용될 수 있음을 기억하고 있다가 후일 적소(適所)에 써보길 바랍니다.

부스팅 기법은 선형회귀 뿐만 아니라 지도학습(supervised learning)에서 약한 학습기 (weak learner)를 강한 학습기(strong learner)로 만드는데 일반적으로 유용한 것으로 알려져 있습니다. 부스팅은 예컨대 분류·회귀 나무에 적용될 수 있고 그런 경우 모형의 정확도를 높이는 데 유용하다는 것이지요. 부스팅 기법의 대표적 알고리즘은 3절에서 소개한 AdaBoost(=Adaptive Boosting)입니다.

배깅과 부스팅의 한 가지 단점이라면, 자료 분석자들이 구축된 모형이 다소 복잡하다고 느낄 수밖에 없다는 점입니다. 과거의 선형회귀 모형은 1개의 수식으로 표현되었지만 배깅과 부스팅으로 구축된 앙상블 모형은 알고리즘으로 이해해야 합니다.[4]

표준적 선형회귀, 이것의 배깅 모형과 부스팅 모형 중에서 어느 것이 더 나은가? 이에 대한 답은 사례별로 다를 수밖에 없습니다. 여러분의 자료가 충분히 크다면 분석자료를 임의로 분할하여 한 부분은 모형적합 자료(training data)로 하고 나머지 부분은 모형 평가 자료(validation data)로 하여 여러 모형의 성능을 비교해볼 수 있겠습니다.[5]

---

4) 현대 통계학은 수식이 아니라 알고리즘을 중시합니다. 새 트렌드에 적응하길 바랍니다.
5) 2장 참조. 이용구·허명회 (2008) <데이터마이닝: 모델링과 사례> 제2판. 한나래, 서울.

4장. 최적변환회귀

이 강의는 종속변수와 설명변수의 최적변환 형태를 제시해주는 최적변환회귀(최적척도화 회귀, optimal scaling regression)를 다룹니다. SPSS 최적변환회귀는 다양한 형태의 자료에 적용가능하며 여러 분야에서 다양한 목적에 활용 가능합니다.

1. 변수변환이 필요한 이유

선형회귀는 기본적으로 종속변수와 설명변수 간 선형적 관계를 기본 가정으로 합니다. 따라서 회귀모형을 설정하면서 종속변수와 설명변수를 주어진 대로 쓰느냐 아니면 변환해 쓰느냐로 고민되는 경우가 있고 때로는 신경이 둔하여 꼭 필요한 변수변환을 놓치는 경우도 있습니다. 예컨대, 그림 1의 왼쪽 산점도에서는 두 변수 간 관계가 대략 선형으로 보입니다만, 그 판단이 정확하지 못하였음을 오른쪽 산점도가 보여줍니다.

선형회귀에서는 다수의 설명변수가 쓰이므로 눈을 크게 뜨고 주시하는 것만으로는, 착한 선형회귀 모형의 도출에 필요한 변수변환을 제대로 하기 어렵습니다. SPSS 최적변환회귀(최적척도화 회귀, Optimal Scaling Regression)가 한 방안을 제공합니다.

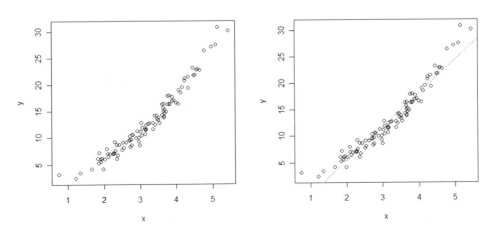

<그림 1> 이변량 산점도: 오른쪽 점선은 최소제곱회귀선

2. CATREG 알고리즘

종속변수 y와 p개 설명변수에 대해 n개의 관측이 확보되었다고 합시다. 자료를

$$(x_{11}, \cdots, x_{1p}, y_1), \cdots, (x_{n1}, \cdots, x_{np}, y_n)$$

으로 표기하겠습니다. 이 자료에 대한 다중선형회귀 모형은

$$y_i = \beta_0 + \beta_1 x_{i1} + \cdots + \beta_p x_{ip} + \epsilon_i, \quad \epsilon_i \sim N(0, \sigma), \quad i = 1, \cdots, n$$

이고, 모형 계수 $\beta_0, \beta_1, \cdots, \beta_p$는 최소제곱법으로 찾아집니다. 즉, 모형 계수들은

$$\sum_{i=1}^{n} \{ y_i - \beta_0 - \beta_1 x_{i1} - \cdots - \beta_p x_{ip} \}^2 \tag{1}$$

을 최소화하는 해(解)입니다.

CATREG 알고리즘의 최적변환회귀에서는 (1) 대신 다음을 최소화하여 해를 얻어냅니다.

$$\sum_{i=1}^{n} \{ g(y)_i - \beta_1 h_1(x_{i1}) - \cdots - \beta_p h_p(x_{ip}) \}^2. \tag{2}$$

여기서 $g(y)$와 $h_1(x_1), \cdots, h_p(x_p)$는 '매끄러운' 변환인데, 매끄러움(smoothness)은 수학적으로는 연속이며 미분가능함을 의미합니다. (2)에서 절편 파라미터 β_0가 없는 이유는 $g(y)$와 $h_1(x_1), \cdots, h_p(x_p)$가 중심이 0이 되도록 조정되기 때문입니다. (2)는 파라미터 $\beta_1, \cdots, \beta_p$에 대해서뿐만 아니라 $g(y)$와 $h_1(x_1), \cdots, h_p(x_p)$에 의하여 최소화 됩니다. 즉, (2)를 최소화하여 $\hat{\beta}_1, \cdots, \hat{\beta}_p$과 $\hat{g}(y)$, $\hat{h}_1(x_1), \cdots, \hat{h}_p(x_p)$을 얻습니다.

SPSS 최적변환회귀에서 고려되는 변환 함수는 다음과 같습니다.

1) <u>Spline Nominal a b</u>는 b개의 마디(node)로 구분되는 구간에서 a차의 다항식이면서 모든 노드 점에서 연속이며 미분가능한 함수입니다. 예를 들어 'Spline Nominal 2 2'는 각 구간에서 2(= a)차 다항식이며 2(= b)개 노드를 갖는 함수입니다. 그림 2의 왼쪽 그래프를 보십시오. ○는 노드를 나타냅니다.

2) <u>Spline Ordinal a b</u>는 b개의 마디(node)로 구분되는 구간에서 a차의 다항식이면서 모든 노드 점에서 연속이며 미분가능하며 단조증가하는 함수입니다. 예를 들어 'Spline Ordinal 2 2'는 각 구간에서 2(= a)차 다항식이며 2(= b)개 노드를 갖는 단조증가함수입니다. 그림 2의 오른쪽 그래프를 보십시오. ○는 노드를 나타냅니다.

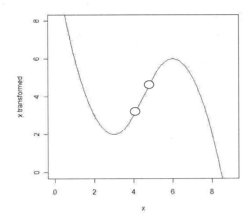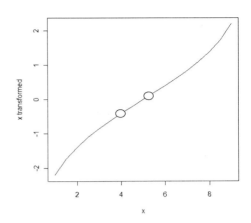

<그림 2> 'Spline Nominal 2 2'와 'Spline Ordinal 2 2'

3) Nominal은 변수 값을 아무 제약 없이 가장 자유롭게 바꿉니다.

4) Ordinal은 순서를 보존하는 단조변환입니다. Spline Ordinal에 비해 Ordinal에서 변수 값이 훨씬 자유롭게 바뀝니다.

5) Numerical은 선형변환입니다. 위치와 척도가 조정되는 정도로 약한 변환입니다.

CATREG 알고리즘에는 최적변환 외에 연속형 변수에 대한 이산화(discretization) 처리가 가능합니다. 이산화 방식에는 다음 몇 가지가 있습니다.

1) 상수 배(multiplying). 변수 표준화를 하고 10을 곱한 다음 반올림하고 적당한 수를 더하여 첫 값이 1이 되게 함.

2) 순위화(ranking). 순서정렬하고 순위를 부여함.

3) 정규분포 그룹화(normal distribution). 정규분포에서 일정 수의 그룹으로 만듦.

4) 균일분포 그룹화(uniform distribution). 균일분포에서 일정 수의 그룹으로 만듦.

5) 등구간(equal intervals). 같은 길이의 구간으로 나눔.

----

3. 사례: 오존 예측

이 사례는 330일에 걸친 대기오염자료입니다. 종속변수 오존(ozone, 변수명 ozon)에
대하여 5개 설명변수가 있지만 여기서는 다음 4개 변수만 사용하도록 하겠습니다.

    ibh (inversion base height)
    dpg (pressure gradient)
    vis (visibility)
    temp (temperature)

표 1은 분석자료의 일부입니다.

<표 1> 오존 자료 (n = 330, 파일명: ozone 0513.sav)

	vh	ozon	ibh	dpg	vis	temp	doy
1	5760	5	1450	25	60	54	5
2	5790	4	554	-28	250	55	8
3	5830	4	1249	-53	250	58	15
4	5840	5	5000	-40	200	64	17
5	5780	9	639	1	150	67	18
6	5680	4	393	-68	10	52	19
7	5760	4	5000	-58	250	54	21
8	5650	6	3641	23	140	51	24
9	5810	6	1791	-15	150	64	29
10	5790	11	793	-15	120	63	30
11	5670	9	3651	62	30	54	34
12	5600	3	3799	-18	250	42	39
13	5490	3	5000	32	350	37	40
14	5560	4	5000	-1	300	41	41
15	5680	8	5000	-8	300	51	43
16	5700	6	2398	21	200	55	44

ozon을 종속변수로, ibh, dpg, vis, temp를 설명변수로 하여 다중선형회귀를 하면 다
음과 같이 출력이 나옵니다. 결정계수가 81.9이고 4개 설명변수(ibh, dpg, vis, temp)
가 통계적으로 유의한 것으로 나타납니다. 설명변수 별 베타 계수를 보면 temp가 가
장 강하고 그 다음이 ibh입니다만 부호는 반대 방향입니다.

Model Summary

Model	R	R Square	Adjusted R Square	Std. Error of the Estimate
1	.819[a]	.671	.667	4.62073

a. Predictors: (Constant), temp, dpg, vis, ibh

Coefficients[a]

Model		Unstandardized Coefficients		Standardized Coefficients	t	Sig.
		B	Std. Error	Beta		
1	(Constant)	-4.978	1.720		-2.895	.004
	ibh	-.001	.000	-.234	-5.958	.000
	dpg	.022	.007	.096	2.921	.004
	vis	-.011	.004	-.107	-3.007	.003
	temp	.330	.022	.596	15.053	.000

a. Dependent Variable: ozon

이제부터는 최적변환회귀를 해보도록 하겠습니다.

이를 위하여
    SPSS Statistics
        ▶ Analyze
            ▶ Regression
                ▶ Optimal Scaling (CATREG) ...
에 들어갑니다. 그러면 다음과 같이 화면이 이어집니다.

스크린 1

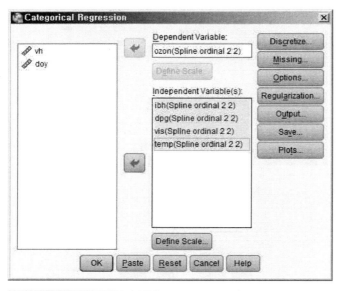

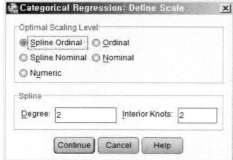

종속변수에 ozon을 넣고 독립변수에 ibh, dpg, vis, temp를 넣습니다. 그리고 각 변수에 대한 변환이 'Spline ordinal 2 2'가 되도록 합니다 (디폴트로 잡힘).

스크린 2

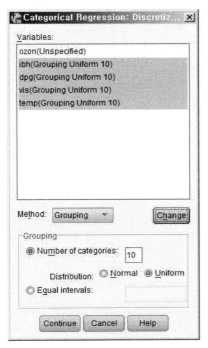

Discretization 선택 창: 4개의 설명변수 각각을 균일분포 10개 구간으로 이산화합니다 ('Number of categories': 10 입력, 'Distribution': Uniform 지정).

스크린 3

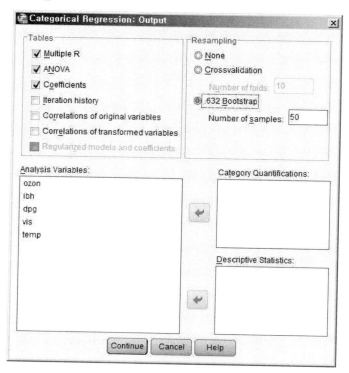

Output 선택 창: Resampling에 '.632 Bootstrap'을 넣습니다. 붓스트랩 방법은 5장에서 다룹니다.

스크린 4

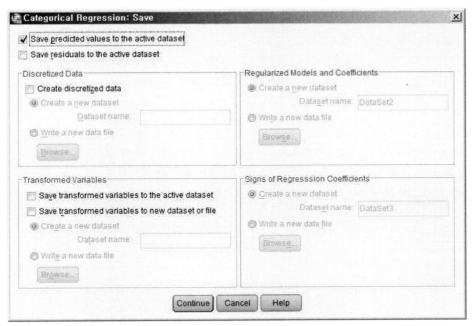

Save 선택 창: 'Save predicted values to the active dataset'을 선택하여 예측값이 데이터셋에 남도록 조치합니다.

스크린 5

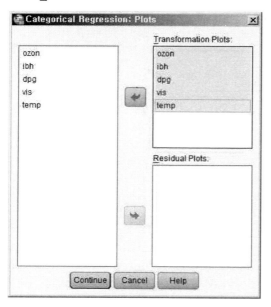

Plots 선택 창: 각 변수의 변환 함수가 플롯 되도록 조치합니다.

그 밖의 다른 선택 창은 가만히 내버려 둡니다.
스크린 1에 돌아가 'OK' 버튼을 누릅니다.

Model Summary

		Adjusted R Square	Apparent Prediction Error	Expected Prediction Error	
Multiple R	R Square			Estimate[a]	Std. Error
.871	.759	.752	.241	.258	.022

Dependent Variable: ozon
Predictors: ibh dpg vis temp

a. .632 Bootstrap estimate (50 bootstrap samples).

결정계수 R^2가 75.9%로 나타났습니다. 이 값은 선형회귀모형의 R^2 = 67.1%에 비교하여 8.8%p 큽니다.

Coefficients

	Standardized Coefficients		df	F	Sig.
	Beta	Bootstrap (1000) Estimate of Std. Error			
ibh	-.251	.039	1	41.001	.000
dpg	.166	.035	2	22.209	.000
vis	-.138	.034	2	16.643	.000
temp	.583	.039	4	226.768	.000

Dependent Variable: ozon

각 설명변수는 모두 유의한 것으로 나타났습니다. 설명변수 별 베타계수는 temp(+), ibh(-), dpg(+), vis(-)의 순서로 강하였습니다. 그리고 베타계수의 표준오차는 붓스트랩 방법으로 추정되어 있습니다.

Transformation

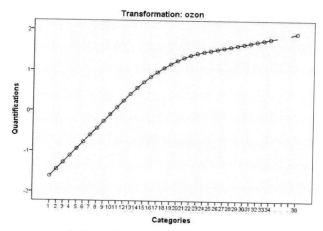

Transformation: ozon

Optimal Scaling Level: Spline Ordinal (degree 2, interior knots 2).

종속변수 ozon에 대한
최적변환은 로그와 같이
오목한 형입니다.

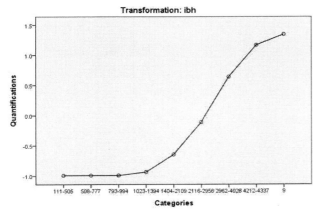

Transformation: ibh

Optimal Scaling Level: Spline Ordinal (degree 2, interior knots 2).

Beta: -.251.

설명변수 ibh에 대한
최적변환은 로지스틱
형입니다.

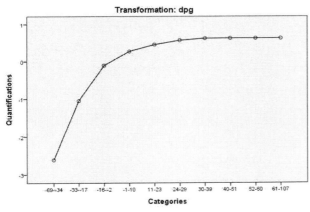

Transformation: dpg

Optimal Scaling Level: Spline Ordinal (degree 2, interior knots 2).

Beta: .166.

설명변수 dpg에 대한
최적변환은 로그 또는
제곱근과 같이 오목한
형입니다.

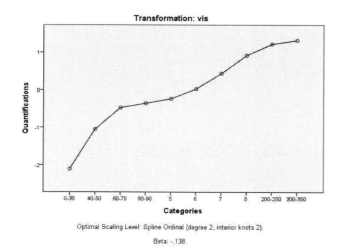

설명변수 vis에 대한
최적변환은 직선에
가깝습니다.

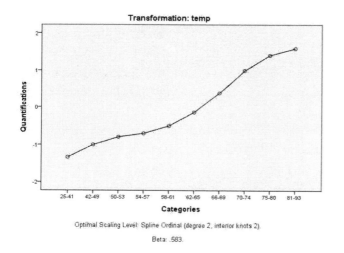

설명변수 temp에 대한
최적변환은 직선에
가깝습니다.

이와 같이 최적변환회귀는 각 변수에 대한 최적형의 변환을 명시적으로 알려줍니다. 그
리고 여러 가지 응용이 가능합니다. 예컨대 앞서 설명변수 vis와 temp의 최적변환이
대략 선형이라는 것이 밝혀졌으므로 두 변수에 대하여는 변환의 종류를 numeric으로
지정함으로써 실제로 준모수적(準母數的, semiparametric) 회귀를 할 수도 있습니다.

4. 사례: 기호품 소비지출

설명변수에 범주형 값을 취하는 자료에 선형모형을 적용해보겠습니다. 표 2 자료(n =20)의 사례에서 목표변수는 기호품 소비지출 y이고 설명변수는 income(소득수준, 1,2,3), prefer(신제품 선호도, 1,2), chance(매체노출, 1,2), type(생활유형, 1,2,3) 등입니다. 목표변수(종속변수)는 연속 수치형으로, 4개 설명변수는 모두 명목 범주형으로 간주하는 것이 맞겠습니다.

이런 경우 통상적으로 고려되는 모형은

$$y_i = \mu + \alpha_1 I\{income_i = 1\} + \alpha_2 I\{income_i = 2\} \tag{3}$$
$$+ \beta_1 I\{prefer_i = 1\} + \gamma_1 I\{chance_i = 1\}$$
$$+ \delta_1 I\{type_i = 1\} + \delta_2 I\{type_i = 2\} + \epsilon_i, \quad \epsilon_i \sim N(0, \sigma)$$

즉, 일반선형모형(general linear model)입니다. 여기서 $I(\cdot)$는 지표함수(indicator)로 인수가 True이면 1의 값을 취하고 False이면 0의 값을 취합니다. 모형 식 (3)에서 $I\{income_i = 3\}$, $I\{prefer_i = 2\}$, $I\{chance_i = 2\}$, $I\{type_i = 3\}$ 등이 없는 이유는 그것이 각 설명변수의 마지막 범주이기 때문입니다. 이들을 참조 범주라고 합니다.

<표 2> 소비지출 자료 (파일명: quant 2011.sav)

	income	prefer	chance	type	y
1	1	1	2	1	2
2	1	2	1	2	1
3	2	1	1	1	5
4	3	2	2	2	6
5	1	1	1	1	3
6	2	2	2	2	2
7	2	1	1	1	6
8	1	1	2	2	3
9	3	2	2	3	5
10	1	2	1	2	2
11	3	1	1	3	10
12	2	1	2	1	4
13	2	2	2	2	3
14	1	2	2	1	1
15	3	1	1	3	9
16	2	1	1	3	10
17	1	2	1	1	3
18	2	2	1	3	4
19	3	2	1	2	6
20	2	1	1	2	6

모형 식 (3)은 SPSS Statistics에서 Univariate General Linear Model (main effects only)로 적합될 수 있습니다. 그 결과는 아래와 같습니다.

Parameter Estimates

Dependent Variable:y

Parameter	B	Std. Error	t	Sig.	95% Confidence Interval Lower Bound	Upper Bound
Intercept	5.983	.740	8.087	.000	4.384	7.581
[income=1]	-3.891	.870	-4.471	.001	-5.771	-2.011
[income=2]	-1.986	.743	-2.674	.019	-3.591	-.382
[income=3]	0ª	.	.	.	.	.
[prefer=1]	2.220	.595	3.735	.002	.936	3.505
[prefer=2]	0ª	.	.	.	.	.
[chance=1]	1.350	.598	2.258	.042	.058	2.641
[chance=2]	0ª	.	.	.	.	.
[type=1]	-1.882	.854	-2.204	.046	-3.728	-.037
[type=2]	-1.391	.838	-1.660	.121	-3.202	.420
[type=3]	0ª	.	.	.	.	.

a. This parameter is set to zero because it is redundant.

여기서 설명변수 income, prefer, chance, type의 마지막 수준에 대한 모형 계수는 0으로 고정되어 있음을 볼 수 있습니다. 다른 범주들에 붙는 계수들은 이들 참조범주에 대한 상대적 높낮이를 의미합니다. 따라서 일반선형모형에서 계수들은 참조범주의 선택에 따라 값이 움직이게 됩니다.

예를 들어 설명변수 prefer의 경우를 봅시다. 위 출력에서 prefer=1이면 2.220의 효과가 있음을, prefer=2이면 0의 효과가 있음을 볼 수 있습니다. 만약 prefer=1에 참조를 한다면 prefer=2은 -2.220의 효과가 나왔을 것입니다.

참조범주의 선택에 무관하게 각 설명변수의 수준 별 고유 효과를 볼 수 있는 방법이 없을까요? 다음과 같이 SPSS 최적변환 회귀를 활용하는 방안이 있습니다. 이를 위하여

    SPSS Statistics
        ▶ Analyze
            ▶ Regression
                ▶ Optimal Scaling (CATREG) ...

에 들어갑니다. 그러면 다음과 같이 화면이 이어집니다.

스크린 6

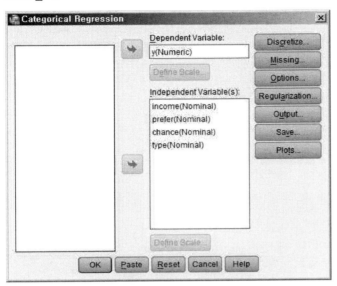

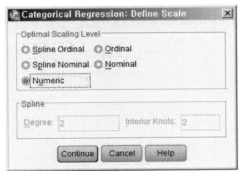

'Define Scale' c에서 y를 Numeric으로 지정합니다. 그리고 4개 설명변수 income, prefer, chance, type은 Nominal로 잡습니다.

스크린 7

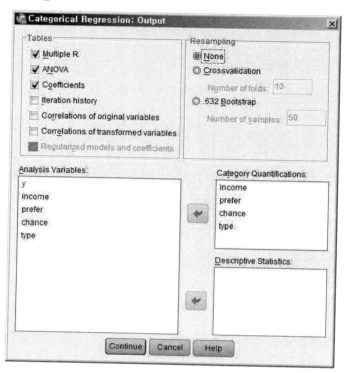

4개 설명변수 income, prefer, chance, type에 대하여 <u>Category Quantifications</u>를
요청합니다. 그리고 스크린 6으로 돌아가 'OK'를 누릅니다.

이에 대한 출력으로 다음을 얻게 됩니다.

Model Summary

	Multiple R	R Square	Adjusted R Square	Apparent Prediction Error
Standardized Data	.938	.880	.825	.120

Dependent Variable: y
Predictors: income prefer chance type

결정계수 R^2가 88.0%로 나타났습니다. 이 값은 General Linear Model 결과와 일치합니다. 즉, 앞과 같은 세팅에서는 최적변환회귀라고 하더라도 결정계수가 늘어나는 것은 아닙니다.

Coefficients

	Standardized Coefficients		df	F	Sig.
	Beta	Bootstrap (1000) Estimate of Std. Error			
income	.559	.219	2	6.475	.011
prefer	.413	.160	1	6.645	.023
chance	.252	.124	1	4.125	.063
type	.279	.168	2	2.765	.100

Dependent Variable: y

각 설명변수의 중요도를 베타 계수로 볼 수 있습니다. income과 prefer의 중요도가 chance와 type보다 큰 것으로 나타났습니다.

다음 표에서 설명변수 별 각 수준에 대한 수량화 결과(계수 추정값)를 볼 수 있습니다. 각 변수 별로 평균 효과가 0으로 고정됩니다. 참조 범주의 효과를 0으로 고정되는 것이 아니라서 수량화 값들은 고유한 의미를 가지게 됩니다. 예컨대 prefer=1은 +0.905의 플러스 효과를 갖고 반면 prefer=2는 1.106의 마이너스 효과를 갖습니다.

Quantifications

Table

income[a]

Category	Frequency	Quantification
1	7	-1.162
2	8	.114
3	5	1.445

a. Optimal Scaling Level: Nominal.

prefer[a]

Category	Frequency	Quantification
1	11	.905
2	9	-1.106

a. Optimal Scaling Level: Nominal.

chance[a]

Category	Frequency	Quantification
1	11	.905
2	9	-1.106

a. Optimal Scaling Level: Nominal.

type[a]

Category	Frequency	Quantification
1	8	-.861
2	7	-.202
3	5	1.660

a. Optimal Scaling Level: Nominal.

이상의 수량화 값들은 각 범주의 스코어링(scoring)에서 편리하게 사용될 수 있습니다.

5. 정리

SPSS 최적변환회귀(Optimal Scaling · CATREG Regression)은 연속형, 순서형, 명목형 변수가 혼합된 포함된 회귀모형에서 종속변수 Y와 설명변수 $X_1, \cdots, X_p$의 최적변환을 산출해냅니다. 그러므로 통상적인 선형회귀에 비해 실제 상황에 잘 적응합니다.

SPSS 최적변환회귀는 최적변환변수들은 스스로 선형회귀모형을 구성합니다. 네덜란드 Laiden 대학의 Data Theory Group이 개발한 DTSS(Data Theory Scaling System)에 기반을 둔 알고리즘입니다.[1]

범주형 설명변수의 각 수준을 수량화하고자 하는 목적에 SPSS 최적변환회귀를 사용할 수 있습니다. 그런 경우 SPSS 최적변환회귀는 하야시 수량화 방법 I과 같습니다.[2]

---

[1] 자세한 사항은 Muelman, J.J. (1998)의 SPSS White Paper "Optimal scaling methods for multivariate categorical data" 또는 양경숙 (2000)의 <SPSS 최적척도화 분석> (한나래 출판사)을 참고하십시오.

[2] 하야시(Chikio Hayashi) 수량화에 대하여는 허명회 (1998)의 <수량화 방법 1,2,3,4> (자유아카데미)를 참고하십시오. 이 방법은 일본에서 마케팅 및 사회 연구에서 활용도가 높습니다.

5장. 붓스트랩 방법

붓스트랩 방법(bootstrap method)는 특정 분석방법이 아니라 점 추정치의 오차 계산, 신뢰구간 추정, 가설검증 등을 해내는 통계적 추론 방식입니다. 이 방법은 20세기 후반의 통계학계의 최고 성과물로 꼽히는데, 스탠포드 대학 통계학의 Bradley Efron 교수에 의해 개발되었습니다.[1]

붓스트랩(bootstrap)의 어원은 신발 뒤쪽에 붙는 손잡이입니다. 이것이 있으면 신발에 발을 넣는 데 아주 유용합니다. 이 방법도 그런 것입니다. 붓스트랩 방법 한가지로 각종 통계적 추론을 할 수 있습니다.

---

1) Efron, B. (1979). "Bootstrap Methods: Another Look at the Jackknife". The Annals of Statistics 7 (1): 1-26.

----

1. 붓스트랩 방법이란?

통계적 추론의 일반적 원리는 다음과 같은 것입니다.

우리의 관심은 확률표본 $x_1, \cdots, x_n$이 추출되어 나온 모집단(population) F에 있습니다. 이것은 미지(unknown)입니다. F의 한 특성치 θ에 대한 추정치로

$$\hat{\theta} = t(x_1, \cdots, x_n)$$

을 쓴다고 합시다. θ에 대한 추론을 위해서 기본적으로 필요한 것은 $t(x_1, \cdots, x_n)$의 확률분포입니다. 그런데 이것을 산출하는 것이 때때로 쉽지 않습니다.

그 이유는 첫째, F가 어떤 분포 족에 속하는 분포인지를 가정해야 하는데 이것이 애매하기 때문입니다. 둘째, $t(x_1, \cdots, x_n)$의 확률분포를 구하는 것이 수학적으로 어려운 경우가 있기 때문입니다. 셋째, $\hat{\theta}$의 형태 별로 추론 방식을 매번 개발하는 것이 번거롭기 때문입니다.

그럼, 붓스트랩 방법이 무엇인가를 아래 개념도에서 봅시다.

$$
\begin{array}{cccccc}
 & & \text{Generate.0} & & \text{Generate.1} & \\
\text{분포} & F & \longrightarrow & \hat{F} & \longrightarrow & \hat{F}^* \\
 & \text{Unknown} & & \{x_1, \cdots, x_n\} & & \{x_1^*, \cdots, x_n^*\} \\
\text{Compute} & \Big\downarrow & & \Big\downarrow & & \Big\downarrow \\
\text{함수} & \theta & \longleftarrow & \hat{\theta} & \longleftarrow & \hat{\theta}^{*\prime}s \\
 & & \text{Inference.0} & & \text{Inference.1} & \\
\end{array}
$$

상단 중앙의 $\hat{F}$은 각 자료점 x_i에서 확률 $1/n$을 갖는 확률분포입니다 (경험분포함수, empirical distribution function). 그러므로 $\hat{F}$은 $x_1, \cdots, x_n$과 마찬가지입니다. F로부터 $\hat{F}$이 임의 생성됩니다만 우리는 F를 모릅니다.

$\hat{F}$로부터 $\hat{\theta} = t(x_1, \cdots, x_n)$, 즉 $t(\hat{F})$이 산출됩니다. 추론(推論, inference)은

$$\theta \quad \longleftarrow \quad \hat{\theta}$$

Inference.0

의 과정입니다. 이것이 쉽지 않은 근본 원인은 우리가 F를 모른다는 데 있습니다.

붓스트랩 방법은 이것을 1세대 물려 해결합니다. 즉, F로부터 $\hat{F}$이 임의 생성되듯이 $\hat{F}$로부터, 즉 $x_1, \cdots, x_n$으로부터 임의자료 $x_1^*, \cdots, x_n^*$를 생성시킵니다. 이것을 붓스트랩 표본(bootstrap sample)이라고 하고 $\hat{F}^*$로 표기합니다.

$\hat{F}^*$로부터 $\hat{\theta}^* = t(x_1^*, \cdots, x_n^*)$, 즉 $t(\hat{F}^*)$를 산출합니다. 이 과정을 B번(= 200, 1000) 반복하여 그 결과로 $\hat{\theta}_1^*, \cdots, \hat{\theta}_B^*$를 확보합니다. 그런데 우리가 $\hat{\theta}$을 확보하고 있으므로

$$\hat{\theta} \quad \longleftarrow \quad \hat{\theta}^{*\prime}s$$

Inference.1

의 관계를 파악하는 것은 쉽습니다. 바로 이 관계를 "$\theta \leftarrow \hat{\theta}$"의 관계를 밝히는 데 활용할 수 있겠는데 바로 이것이 붓스트랩 방법입니다.

구체적으로, $\hat{\theta}$의 편향(bias)과 표준오차(standard error)는 다음과 같이 산출합니다.

1) $\hat{\theta}$의 편향(偏向) bias($\hat{\theta}$) (= $E[\hat{\theta}] - \theta$)에 대한 붓스트랩 추정치는

$$bias.boot(\hat{\theta}) = \frac{1}{B} \sum_{b=1}^{B} \hat{\theta}_b^* - \hat{\theta} \ (= \overline{\theta}^* - \hat{\theta})$$

입니다.

2) $\hat{\theta}$의 표준오차 se($\hat{\theta}$) (= $\sqrt{E[(\hat{\theta} - E(\hat{\theta}))^2]}$)에 대한 붓스트랩 추정치는

$$se.boot(\hat{\theta}) = \sqrt{\frac{1}{B-1} \sum_{b=1}^{B} (\hat{\theta}_b^* - \overline{\theta}^*)^2}$$

입니다. 여기서 $\overline{\theta}^* = \frac{1}{B} \sum_{b=1}^{B} \hat{\theta}_b^*$.

수치 예: 통계학 시험자료

표 1의 자료는 57명이 수강한 한 통계학 과목의 중간성적(mid) 및 기말성적(final)입니다. 우리의 관심이 통계학 과목에서 mid와 final 간 모집단 수준의 상관계수 θ 에 있다고 합시다. 표본상관계수는 0.587인데 이것은 $\hat{\theta}$ 입니다.

표본자료로부터 붓스트랩 표본을 1,000개($= B$) 생성시킵니다. 그리고 매 표본에서 상관계수를 계산합니다. 그 결과는

$$0.576,\ 0.633,\ 0.523,\ 0.688,\ 0.489,\ 0.584,\ \cdots\ (= \hat{\theta}_1^*,\ \hat{\theta}_2^*,\ \hat{\theta}_3^*,\ \hat{\theta}_4^*,\ \hat{\theta}_5^*,\ \cdots\ )$$

이었습니다. 이것들의 평균과 분산이

$$\overline{\theta}^* = \frac{1}{B} \sum_{b=1}^{B} \hat{\theta}_b^* = 0.591,$$

$$Var\,(\hat{\theta}_b^* \,;\, b = 1, \cdots, B) = \frac{1}{B-1} \sum_{b=1}^{B} (\hat{\theta}_b^* - \overline{\theta}^*)^2 = 0.007044$$

이므로, 표본 상관계수 $\hat{\theta}$ 의 편향과 표준오차는 각각 다음과 같이 계산됩니다.

<표 1> 통계학 시험 자료($n = 57$, 일부, 파일명: exam_scores.csv, exam_scores.sav)

	mid	final
1	18	26
2	17	12
3	25	28
4	26	24
5	22	25
6	9	16
7	25	20
8	26	22
9	20	27
10	24	27
11	22	24
12	17	17
⋮		

$$bias.boot\,(\hat{\theta}) = \frac{1}{B}\sum_{b=1}^{B}\hat{\theta}_b^* - \hat{\theta} = 0.591 - 0.587 = 0.004,$$

$$se.boot\,(\hat{\theta}) = \sqrt{\frac{1}{B-1}\sum_{b=1}^{B}(\hat{\theta}_b^* - \overline{\theta}^*)^2} = \sqrt{0.007044} = 0.084.$$

$bias.boot\,(\hat{\theta})$ 은 표본상관계수 $0.587(=\hat{\theta})$이 평균적으로 모상관계수 θ 보다 0.004 만큼 큰 경향이 있음을 말합니다. 따라서 θ 의 편향수정 점 추정치는

$$0.583\,(= 0.574 - 0.004)$$

입니다. 또한 표본상관계수 $0.587(=\hat{\theta})$의 95% 확률적 변동 범위가

$$\pm 1.96 \times 0.084,\ \text{즉}\ \pm 0.165$$

임을 의미합니다. 따라서 모상관계수 θ 가 대략

$$0.583 \pm 0.165 = (0.418, 0.748)$$

에 있을 것으로 볼 수 있습니다 (신뢰수준 95%). θ 에 대한 본격적인 붓스트랩 신뢰구간은 다음 절에서 다룹니다.

---

2. 붓스트랩 신뢰구간

1) Efron의 백분위수(percentile) 방법: $\hat{\theta}_1^*, \cdots, \hat{\theta}_b^*, \cdots, \hat{\theta}_B^*$가 $\hat{\theta}$의 분포를 잘 나타낼 것 이라는 직관적 이해를 바탕으로 합니다.

- $\hat{\theta}_1^*, \cdots, \hat{\theta}_b^*, \cdots, \hat{\theta}_B^*$를 정렬합니다.

- 하위 $\alpha/2$ 분위수 $L_{\alpha/2}^*$와 상위 $\alpha/2$ 분위수 $U_{\alpha/2}^*$를 산출합니다.

- 계수 $1-\alpha$의 신뢰구간을 다음과 같이 구합니다.

$$L_{\alpha/2}^* \leq \theta \leq U_{\alpha/2}^* .$$

- 수치 예 (성적자료, 계속): $\hat{\theta}_1^*, \hat{\theta}_2^*, \hat{\theta}_3^*, \cdots, \hat{\theta}_{1000}^*$을 정렬한 결과,
    25번째가 0.435, 26번째가 0.427이었습니다. 따라서 $L_{0.025}^*$ =0.431입니다.
    975번째가 0.746, 976번째가 0.746이었습니다. 따라서 $U_{0.975}^*$ =0.746입니다.
    그러므로 모상관계수 θ에 대한 95% 신뢰구간은 (0.431, 0.746)입니다.
    주의: 붓스트랩 추론은 몬테칼로 방법이므로 출력은 매번 달라집니다.

2) Hall의 백분위수 방법:

- 붓스트랩 표본들로부터 산출되는 $\hat{\theta}_1^* - \hat{\theta}, \cdots, \hat{\theta}_b^* - \hat{\theta}, \cdots, \hat{\theta}_B^* - \hat{\theta}$이 우리가 모르는 $\hat{\theta} - \theta$의 분포를 근사할 것입니다.

- 따라서 $\hat{\theta}_1^* - \hat{\theta}, \cdots, \hat{\theta}_b^* - \hat{\theta}, \cdots, \hat{\theta}_B^* - \hat{\theta}$을 정렬하여 하위 $\alpha/2$ 분위수 $l_{\alpha/2}^*$와 상위 $\alpha/2$ 분위수 $u_{\alpha/2}^*$를 산출합니다.

- $l_{\alpha/2}^* \leq \hat{\theta} - \theta \leq u_{\alpha/2}^*$로부터 계수 $1-\alpha$의 신뢰구간이 다음과 같이 유도 됩니다.

$$\hat{\theta} - u_{\alpha/2}^* \leq \theta \leq \hat{\theta} - l_{\alpha/2}^* .$$

- 수치 예 (성적자료, 계속): $\hat{\theta}_1^* - \hat{\theta}, \hat{\theta}_2^* - \hat{\theta}, \hat{\theta}_3^* - \hat{\theta}, \cdots, \hat{\theta}_{1000}^* - \hat{\theta}$를 정렬한 결과,
    2.5% 분위수와 97.5% 분위수가 각각 -0.160과 0.160으로 산출되었습니다.

그런데 $\hat{\theta} = 0.587$ 이므로 모상관계수 θ 에 대한 95% 신뢰구간의 양 끝은 0.587-0.160과 0.587+0.160, 즉 (0.427, 0.747)입니다.

3) BC_a (accelerated bias-corrected) 백분위수 방법:

 - 가장 진화된, 그러나 다소 복잡한 붓스트랩 신뢰구간입니다.

 - $\hat{\theta}_1^*, \cdots, \hat{\theta}_b^*, \cdots, \hat{\theta}_B^*$ 를 정렬하여 하위 α_1 분위수 $L_{\alpha_1}^*$ 와 상위 α_2 분위수 $U_{\alpha_2}^*$ 를 산출합니다. 여기서 α_1 과 α_2 는 다음과 같이 계산됩니다.

$$\alpha_1 = \Phi\left(z_0 + \frac{z_0 + z_{\alpha/2}}{1 - a\,(z_0 + z_{\alpha/2})}\right),\ \ \alpha_2 = 1 - \Phi\left(z_0 + \frac{z_0 + z_{1-\alpha/2}}{1 - a\,(z_0 + z_{1-\alpha/2})}\right),$$

$$z_0 = \Phi^{-1}\left(\frac{1}{B+1}\sum_{b=1}^{B} I(\hat{\theta}_b \leq \hat{\theta})\right),$$

$$a = \sum_{i=1}^{n}(\hat{\theta} - \hat{\theta}_{-i})^3 \,/\, [6\,(\sum_{i=1}^{n}(\hat{\theta} - \hat{\theta}_{-i})^2)^{1.5}].$$

$\Phi(z)$ 는 N(0,1)의 분포함수, $\Phi(z_\alpha) = \alpha$, $\Phi(z_{1-\alpha}) = 1 - \alpha$.

 - θ 에 대한 계수 $1-\alpha$ 의 신뢰구간은 다음과 같습니다.

$$L_{\alpha_1}^* \leq \theta \leq U_{\alpha_2}^*.$$

 - 이 방법은 $z_0 = a = 0$ 인 경우 Efron의 백분위수 방법과 일치합니다.

 - 수치 예 (성적자료, 계속): 이 방법으로 구한 모상관계수 θ 에 대한 95% 신뢰구간은 (0.395, 0.738)입니다.

----

3. 붓스트랩 가설검증

- 가장 전형적인 방법은 백분위수-t 축(軸) 검증(percentile-t pivotal test)입니다.
- 영가설과 대안가설이 각각 $H_0 : \theta = \theta_0$과 $H_0 : \theta > \theta_0$인 경우

$$t_0 = (\hat{\theta} - \theta_0) / se.boot(\hat{\theta})$$

  을 산출합니다.

-
$$\text{p-값} = \frac{1}{B+1} \sum_{b=1}^{B} I\{t_b^* \geq t_0\}.$$

  여기서 $t_b^* = (\hat{\theta}_b^* - \hat{\theta}) / se.boot(\hat{\theta}^*)$, $b = 1, \cdots, B$.

4. SPSS에서의 붓스트랩

SPSS V18부터 다음 프로시저에 붓스트랩 기능이 구현되었습니다.

- Descriptive Procedures:
  Descriptives, Frequencies, Explore, Means, Crosstabs, T-tests, Correlations,
  Nonparametric Correlations, Partial Correlations.

- Modelling Procedures:
  One-way, UniAnova, GLM, Regression, Nominal Regression, Discriminant,
  Logistic Regression, Binary Multinomial, Logistic Ordinal Regression,
  GELIN, Linear Mixed Models, Cox Regression.

이것은 SPSS에서 붓스트랩 방법에 대한 독립적인 프로시저가 있는 것이 아니라 여러 통계적 분석 프로시저에서 옵션으로 붓스트랩 추론을 할 수 있도록 되어 있습니다. 이제 몇 사례를 보도록 하겠습니다.

사례 1: 쥐 무게(rat weight) 자료 $(n = 27)$

57, 60, 52, 49, 56, 46, 51, 63, 49, 57, 59, 54, 56, 59, 57, 52,
52, 61, 59, 53, 59, 51, 51, 56, 58, 46, 53

파일명: rat_weight.sav, 일부

	rat.weight
1	57
2	60
3	52
4	49
5	56
6	46
7	51
8	63
9	49
10	57

⋮

이 사례에서는 표본자료로부터 평균과 중간값 등의 모집단 특성에 대한 추론이
목적입니다. SPSS Analyze · Descriptive Statistics · Explore 프로시저를 디
폴트 세팅으로 실행해보겠습니다.

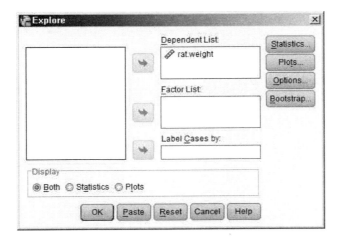

평균과 중간값에 대해 다음 출력이 나옵니다. 즉 평균에 대하여는 신뢰구간이 제공되나 중간값에 대하여는 그렇지 않습니다.

Mean   54.67,   95% CI (52.88, 56.45)
Median   56.00

이제 같은 프로시저에서 Bootstrap Option을 써 보겠습니다.

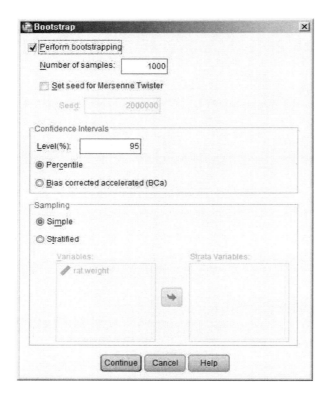

출력은 다음과 같습니다. 평균과 중간값 모두에 대해 붓스트랩 방법으로 신뢰구간이 산출된 것을 볼 수 있습니다.

Mean   54.67,   95% CI (52.93, 56.26)
Median   56.00,   95% CI (52.00, 57.00)

* 붓스트랩 출력은 매번 달라질 수 있습니다. 몬테칼로 방법이기 때문입니다.

사례 2: 통계학 시험 자료 $(n = 57)$ <u>계속</u>

파일명: exam_scores.sav

	mid	final
1	18	26
2	17	12
3	25	28
4	26	24
5	22	25
6	9	16
7	25	20
8	26	22
9	20	27
10	24	27

⋮

SPSS Analyze · Correlate 프로시저를 적용해보면 다음 출력이 나옵니다.

Pearson's correlation   0.587**, Sig (2-tailed 0.000)

같은 프로시저에서 'Bootstrap Option (Confidence Intervals =Percentile)'
을 적용해보면 다음 출력이 나옵니다.

Pearson's correlation   0.587
Bias   0.003,   Std. Error   0.085
95% CI   (0.428, 0.756)

* 붓스트랩은 몬테칼로 방법이므로 출력이 매번 달라질 수 있습니다.

사례 3: VGD_1971 자료 $(n = 208)$

파일명: VGD_1971.sav

	Group	StudyVar	Freq
1	Hodgkins	Tonsil	67
2	Hodgkins	None	34
3	Control	Tonsil	43
4	Control	None	64

이 사례는 사례-대조 연구(case-control study)에서 나왔습니다. 즉, 호지킨스 (Hodgkins) 사례군 101례와 대조군 107례에서 편도선(tonsil) 유무를 조사한 결과가 다음과 같이 나온 것입니다.

	Tonsil 유	Tonsil 무	합계
사례군	67 (= n_{11})	34 (= n_{12})	101
대조군	43 (= n_{21})	64 (= n_{22})	107
합계	110	98	208

그러므로 앞의 SPSS 데이터 셋은 Freq 변수에 의하여 가중처리되어야 제대로 분석될 수 있습니다. 즉 SPSS 데이터에서 'Weight Cases...'를 적용해야 합니다 (Weight Cases by Freq).

SPSS Analyze Descriptive Statistics Crosstab Procedure (Risk)

$$\text{Odds ratio } (= \frac{n_{11}n_{22}}{n_{12}n_{21}}) \quad 2.933, \text{ 95\% CI } (1.666, 5.162)$$

SPSS Analyze Descriptive Statistics Correlate Procedure (Risk) with Bootstrap Option

$$\text{Odds ratio } (= \frac{n_{11}n_{22}}{n_{12}n_{21}}) \quad 2.933$$

Bias   0.189,   Std. Error   0.975

95% CI   (1.713, 5.320)

* 붓스트랩은 몬테칼로 방법이므로 출력이 매번 달라질 수 있습니다.

사례 4: 통계학 시험 자료 ($n = 57$, 파일명: exam_scores.sav) <u>계속</u>

중간시험과 기말시험의 차이가 0인지에 대한 가설검증을 해보겠습니다.

SPSS Analyze · Compare Means · Paired Samples T-test 프로시저의 출력은 다음과 같습니다.

Paired Samples Test

		Paired Differences					t	Sig. (2-tailed)
					95% Confidence Interval			
		Mean	Std. Deviation	Std. Error Mean	Lower	Upper		
Pair 1	mid - final	-.386	5.188	.687	-1.763	.991	-.562	.577

여기에 Bootstrap Option을 붙이면 다음 출력이 추가됩니다. 양측검증의 p-값을 볼 수 있습니다.[2]

Bootstrap for Paired Samples Test

			Bootstrap[a]				
						95% Confidence Interval	
		Mean	Bias	Std. Error	Sig. (2-tailed)	Lower	Upper
Pair 1	mid - final	-.386	.051	.689	.587	-1.649	1.035

a. Unless otherwise noted, bootstrap results are based on 1000 bootstrap samples

---

2) 대안가설을 "중간시험 < 기말시험"으로 둔 단측검증의 p-값은 이것의 절반입니다. 즉, 29.4%.

사례 5: **Aerobic Fitness 자료** ($n = 31$, 파일명: aerobic_fitness.sav)

헬스클럽 회원 31명에게서 산소섭취률(Oxy, 종속변수)과 함께 나이(Age), 체중(Weight), 주행시간(RunTime), 휴식맥박(RstPulse), 주행맥박(RunPulse), 최대맥박(MaxPulse) 등을 측정한 자료입니다.

다음은 SPSS Analyze ▸ Linear Regression 프로시저의 기본 출력입니다.

Coefficients[a]

Model		Unstandardized Coefficients B	Unstandardized Coefficients Std. Error	Standardized Coefficients Beta	t	Sig.
1	(Constant)	102.915	12.407		8.295	.000
	AGE	-.227	.100	-.222	-2.270	.032
	WEIGHT	-.074	.055	-.116	-1.359	.187
	RUNTIME	-2.629	.385	-.685	-6.834	.000
	RSTPULSE	-.021	.066	-.031	-.325	.748
	RUNPULSE	-.370	.120	-.712	-3.087	.005
	MAXPULSE	.304	.137	.522	2.224	.036

a. Dependent Variable: OXY

여기에 Bootstrap Option을 붙이면 다음 출력이 추가됩니다.

Bootstrap for Coefficients

Model		B	Bootstrap[a] Bias	Bootstrap[a] Std. Error	Bootstrap[a] Sig. (2-tailed)	95% Confidence Interval Lower	95% Confidence Interval Upper
1	(Constant)	102.915	-.894	10.402	.001	79.862	121.818
	AGE	-.227	.008	.109	.051	-.434	-.003
	WEIGHT	-.074	.012	.056	.164	-.162	.057
	RUNTIME	-2.629	-.001	.351	.001	-3.353	-1.836
	RSTPULSE	-.021	-.001	.071	.735	-.186	.100
	RUNPULSE	-.370	.025	.125	.009	-.559	-.059
	MAXPULSE	.304	-.027	.147	.049	-.054	.525

a. Unless otherwise noted, bootstrap results are based on 1000 bootstrap samples

사례 6: Lalonde 자료 (파일명: Lalonde.sav, $n = 614$)

이 자료는 National Supported Work Study에서 나온 것인데 treat (=0, 1) 가 종속변수인 로지스틱 회귀에 붓스트랩 방법을 적용해보기로 하겠습니다. 공변량은 age, educ, black, hispan, married, nodegree, re74, re75입니다.

SPSS Analyze ▸ Binary Logistic Regression 프로시저의 출력은 다음과 같습니다.

Variables in the Equation

		B	S.E.	Wald	df	Sig.	Exp(B)
Step 1[a]	age	-.221	.140	2.483	1	.115	.801
	educ	-.145	.067	4.616	1	.032	.865
	black	-3.005	.296	102.718	1	.000	.050
	hispan	-1.080	.435	6.170	1	.013	.340
	married	.788	.296	7.061	1	.008	2.198
	nodegree	-.622	.359	3.004	1	.083	.537
	re74	1.400	.293	22.833	1	.000	4.054
	re75	-.111	.294	.143	1	.705	.895
	Constant	4.041	1.024	15.565	1	.000	56.897

a. Variable(s) entered on step 1: age, educ, black, hispan, married, nodegree, re74, re75.

여기에 Bootstrap Option을 붙이면 다음 출력이 추가됩니다.

Bootstrap for Variables in the Equation

		B	Bootstrap[a]			95% Confidence Interval	
			Bias	Std. Error	Sig. (2-tailed)	Lower	Upper
Step 1	age	-.221	-.004	.147	.122	-.511	.064
	educ	-.145	-.005	.064	.016	-.282	-.029
	black	-3.005	-.066	.317	.001	-3.698	-2.494
	hispan	-1.080	.026	.455	.013	-1.924	-.082
	married	.788	.030	.310	.010	.238	1.440
	nodegree	-.622	-.041	.379	.094	-1.399	.083
	re74	1.400	.046	.287	.001	.881	2.012
	re75	-.111	-.025	.288	.687	-.715	.399
	Constant	4.041	.122	1.019	.001	2.290	6.271

a. Unless otherwise noted, bootstrap results are based on 1000 bootstrap samples

사례 7: 골수종(骨髓腫, myeloma) 자료 (파일명: myeloma.sav)

이 자료에서 종속변수는 수명인 Time입니다. 여기서는 중도절단상태 Vstate (=0 중도절단, =1 사망)가 고려된 Cox의 비례위험회귀에 붓스트랩을 적용해 볼 것입니다. Status(상태변수)에 Vstatus를 넣고 'Define event'를 선택하여 event를 1로 지정해줍니다. 공변량은 LogBUN과 HGB (hemoglobin)입니다.

Cox 회귀: $h(t \mid \log BUN, HGB) = h_0(t) \cdot \exp(\beta_1 \log BUN + \beta_2 HGB)$.

여기서 함수 $h(t \mid x_1, x_2)$는 조건부 위험 함수이고 $h_0(t)$는 기준위험입니다.

SPSS Analyze ▸ Survival Cox Regression의 출력은 다음과 같습니다.

Variables in the Equation

	B	SE	Wald	df	Sig.	Exp(B)
LogBUN	1.674	.612	7.483	1	.006	5.336
HGB	-.119	.058	4.281	1	.039	.888

여기에 Bootstrap Option을 붙이면 다음 출력이 추가됩니다.

Bootstrap for Variables in the Equation

| | | Bootstrap[a] | | | 95% Confidence Interval | |
	B	Bias	Std. Error	Sig. (2-tailed)	Lower	Upper
LogBUN	1.674	.077	.620	.005	.423	2.903
HGB	-.119	-.002	.070	.064	-.269	.012

a. Unless otherwise noted, bootstrap results are based on 1000 bootstrap samples

5. 요약과 정리

- 붓스트랩 방법은 표본자료 $x_1, \cdots, x_n$ 에서 크기 n 의 부표본(subsample) $x_1^*, \cdots, x_n^*$ 를 재추출하는 몬테칼로 모의시행 절차를 $B(= 1,000)$ 번 반복합니다. 아래에서 러시아 인형 matrioshka을 보십시오. 뭔가 유사하지 않습니까?

- 붓스트랩(Bootstrap) 방법은 비모수적 추론(nonparametric inference)을 제공합니다. 따라서 모분포에 대한 가정에 의존하지 않습니다.

- 붓스트랩 방법은 추정치의 편향(bias)과 표준오차(standard error)를 산출하며 관심 모수에 대한 신뢰구간을 제공합니다. 또한 가설검증을 위한 p-값을 제공합니다.

- 붓스트랩 방법은 컴퓨터 집중활용 방법(computer-intensive method)이기 때문에, 특정 추정량의 확률적 성질을 수학으로는 도저히 파악하기 힘든 상황에서 특히 유용합니다.

- 그러나 붓스트랩 방법이라고 만능인 것은 아니다. 이 방법은 모집단의 최소값·최대값을 추정해내지 못합니다.

- 붓스트랩 방법에 관한 대표적 교과서는 Efron and Tibshirani (1993)의 An Introduction to the Bootstrap (Chapman & Hall/CRC)입니다.

<u>Matrioshka</u>: 큰 것 안에 작은 것이 들어 있다.

6장. 일반화선형모형

통상, 선형모형에서 반응은 설명변량들의 선형결합에 정규분포를 따르는 오차가 붙여지는 것으로 가정됩니다. 그러므로 당연하게 반응변수(종속변수)는 연속형이어야 합니다. 그런데 실제로는 드물지 않게 종속변수가 이산형인 경우가 있고 연속형이지만 비음(非陰, nonnegative)인 경우가 있습니다. 이런 경우들에서는 선형모형의 상정은 그다지 적절하지 않으므로 대안 모형이 필요한데, 일차적으로 고려할 수 있는 것이 일반화선형모형(generalized linear model)입니다. 이 강의에서는 일반화선형모형을 소개하고 보험 자료 사례에 적용해보기로 하겠습니다.[1] 다룰 일반화선형모형은 로지스틱 회귀, 순서형 다항 로짓 모형, 포아송 회귀, 감마 회귀 등입니다.

1. 일반화선형모형이란?

통계학에서 가장 기본적으로 활용되는 정규분포(normal distribution)는 다음과 같은 특성을 가지고 있습니다.

　　1) 평균을 중심으로 좌우 대칭이다.
　　2) 이론적으로는 음수와 양수를 모두 취한다.
　　3) 연속적 값을 취한다.

그림 1은 평균이 2, 표준편차가 1인 정규분포, 즉 N(2,1)의 밀도함수입니다. $x=2$가 중심점이고 대부분의 확률은 $2 \leq x \leq 4$에 있지만, 0보다 작은 값을 취할 확률도 꽤 됩니다 (2.5% 정도). 그러므로 자료값이 절대로 음수일 수 없는 자료에 대하여 N(2,1) 분포가 고려될 수는 없습니다.

예 1. 보험가입자의 계약유지기간 Y를 관측하였고 공변량으로 보험가입자의 총 보험계약 수 x가 획득되었다고 합시다. 이런 경우에서 Y가 x와 선형적 관련성이 있다고 하더라도, Y를 N$(\beta_0 + \beta_1 x, \sigma)$로 모형화할 수는 없습니다. $Y > 0$이기 때문입니다.

---

[1] 다음 책에서 보험 사례들을 따왔습니다. de Jong and Heller (2008). *Generalized Linear Models for Insurance Data*, Cambridge University Press.

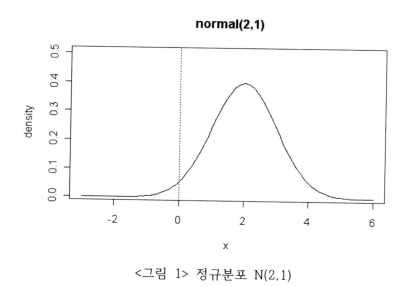

<그림 1> 정규분포 N(2,1)

예 2. 국민여론조사에서 FTA에 대한 찬반의견을 Y(=1 찬성, 0 반대)로 표기하고 관련 변수로 응답자의 소득 x를 고려하기로 합시다. 이 경우에도 Y를 N($\beta_0 + \beta_1 x$, σ)로 모형화할 수는 없습니다. Y는 0 또는 1의 값만 취하기 때문입니다.

예 3. 통계학 특강 수업에서 수강자의 결석 횟수 Y를 조사한 결과가 있다고 합시다. 이것과 수강자 GPA x의 관련성에 관한 모형화를 "Y given x ~ N($\beta_0 + \beta_1 x$, σ)"로 할 수 있을까요? 안됩니다. Y는 도수(度數, count)이므로 0,1,2,3,… 만을 값으로 취하기 때문입니다.

예 4. 국민여론조사에서 FTA에 대한 찬반 의견의 강도를 리커트형 5점 척도로 물었다고 합시다 (1=적극 찬성, 2=찬성하는 편, 3=중립적, 4=반대하는 편, 5=적극 반대). 이를 Y로 표기하고 관련 변수로 응답자의 소득 x를 고려하기로 합시다. 이 경우에 Y를 N($\beta_0 + \beta_1 x$, σ)로 모형화할 수 있을까요? 예 2의 경우에 비하면 상황이 낫긴 하지만, 원칙적으로는 된다고 말할 수 없습니다. Y는 순서적인 5개 값만 취하기 때문입니다.

그렇다면 앞의 예들 각각에서 대안적 모형이 있는가를 묻게 됩니다. 있습니다. 그것이 이 강의에서 소개하려는 일반화선형모형(generalized linear model)입니다.

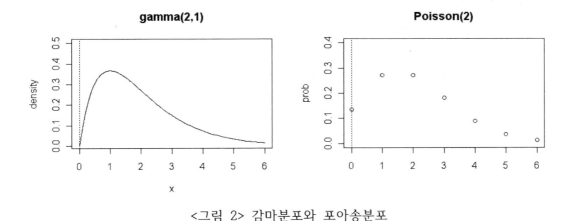

<그림 2> 감마분포와 포아송분포

일반화선형모형에서 종속변수 Y와 설명변량 $x_1, \cdots, x_p$의 연관성은 다음과 같이 표현됩니다.

$$E[Y \mid x_1, \cdots, x_p] = \mu \text{ 로 표기할 때,} \tag{1}$$

$$x_1, \cdots, x_p \text{ 로 주어진 상황에서 } Y\text{는 지수족 분포}(\mu)\text{를 따르고} \tag{2}$$

$$\mu\text{의 특정 변환이 } \beta_0 + \beta_1 x_1 + \cdots + \beta_p x_p \text{의 형태를 취한다.} \tag{3}$$

여기서 어쩔 수 없이 몇 가지 보충이 필요합니다.

(1) $E[Y \mid x_1, \cdots, x_p]$는 $x_1, \cdots, x_p$로 주어진 상황에서 Y의 기댓값입니다.

(2) 지수족(exponential family)이라고 함은 정규분포, 감마분포, 이항분포, 포아송 분포 등을 일컫는 수리통계학 용어입니다.[2] 감마분포는 비음(nonnegative)의 연속적 값을 취하고 포아송 분포는 0,1,2,3,…등의 비음의 정수에만 확률이 부여됩니다. 수학적 정의는 이후에 나옵니다. 그림 2를 보십시오.

(3) μ의 특정 변환이라고 함은 로그(logarithm), 로짓(logit) 등을 일컫는데, 확률분포 별로 우선적으로 고려되는 변환이 있습니다.[3] 이 변환을 연결함수(link function)라고 합니다.

---

2) 허명회 (2000) <수리통계학 강의> (자유아카데미) 참조.
3) 로그함수는 자연로그 $\log_e \mu$를 말합니다 (밑수 e는 2.7182…).
   로짓(logit) 함수는 $\log_e\{\mu/(1-\mu)\}$입니다 (단 $0 < \mu < 1$).

2. 포아송 회귀

포아송 회귀(Poisson regression)는 종속변수 Y가 도수(度數, count)인 경우에 적용되는 일반화선형모형입니다. 한 예로서, 표 1에서 Australia 2002년의 당뇨병 사망 자료를 봅시다. 사망자 수 deaths가 종속변수 Y이고 성(gender) x_1과 연령(age) x_2가 설명변수입니다. 또한 성*나이의 16개 조합마다 인구(popn) s가 붙어있습니다.

<표 1> 당뇨병 사망 자료 (파일명: diabetes.sav)

	gender	age	deaths	popn	l_popn	agemidpt
1	Male	<25	3	1141100	13.95	20
2	Male	25-34	0	485571	13.09	30
3	Male	35-44	12	504312	13.13	40
4	Male	45-54	25	447315	13.01	50
5	Male	55-64	61	330902	12.71	60
6	Male	65-74	130	226403	12.33	70
7	Male	75-84	192	130527	11.78	80
8	Male	85+	102	29785	10.30	90
9	Female	<25	2	1086408	13.90	20
10	Female	25-34	1	489948	13.10	30
11	Female	35-44	3	504030	13.13	40
12	Female	45-54	11	445763	13.01	50
13	Female	55-64	30	323669	12.69	60
14	Female	65-74	63	241488	12.39	70
15	Female	75-84	174	179686	12.10	80
16	Female	85+	159	67203	11.12	90

Y가 도수이고 s에 비례하여 커지는 경향이 있을 것이므로 Y의 평균 μ를 다음과 같이 모형화합니다 ($\mu > 0$).

$$Y \sim \text{Poisson}(\mu), \text{ 즉 평균 } \mu \text{인 포아송 분포를 따르며}[4]$$

$$\log_e \frac{\mu}{s} \text{가 성 효과와 연령 효과의 선형결합으로 표현된다.}[5]$$

$$\text{따라서 } \log_e \mu = \log_e s + \text{성효과} + \text{연령효과로 쓸 수 있다.}[6]$$

---

[4] Poisson(μ) 분포는 실현값 y에 다음 확률이 부여됩니다.

$$f(y) = e^{-\mu} \frac{\mu^y}{y!}, \; y = 0, 1, 2, 3, \cdots .$$

[5] 대다수 사례에서는 크기 요인 s가 상수이므로 사실상 고려되지 않습니다.

표 1의 당뇨병 사망 자료에 대한 포아송 회귀를 해 봅시다. 다음과 같이 들어갑니다.

    SPSS Statistics
        ▶ Analyze
            ▶ Generalized Linear Models
                ▶ Generalized Linear Models …

그러면 다음과 같이 화면이 이어집니다.

---

6) 우변의 첫 항을 오프셋(offset)이라고 합니다.

스크린 1

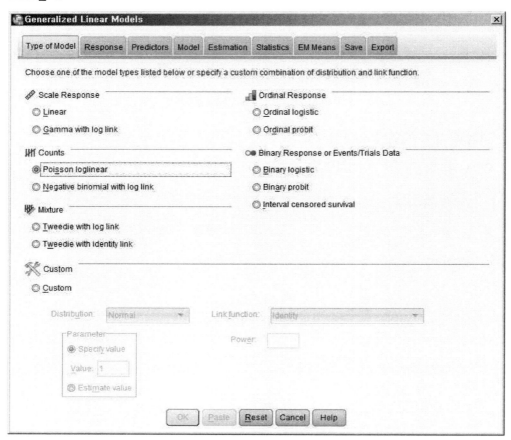

Poisson loglinear를 체크합니다.

스크린 2

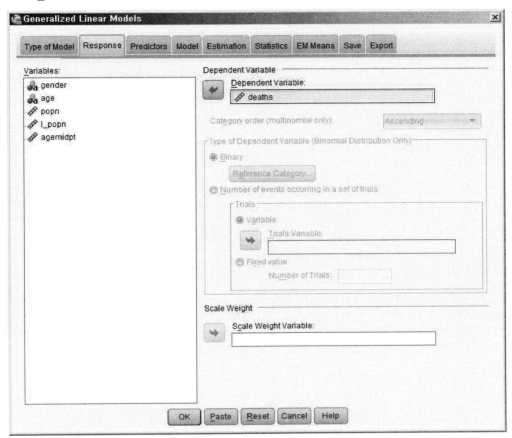

Dependent variable에 deaths를 넣습니다.

스크린 3

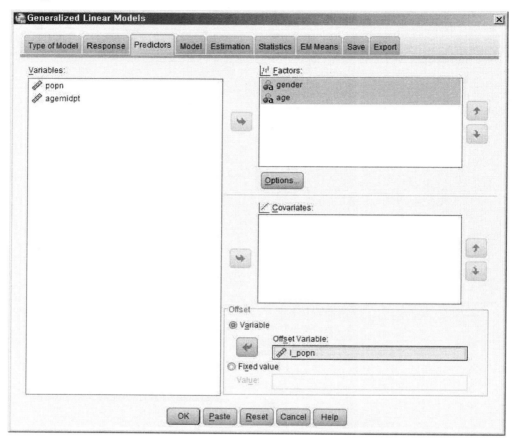

오프셋 변수로 l_popn을 지정합니다. 여기서 l_popn는 popn의 자연로그로 산출되어 데이터셋에 포함되어 있었습니다.

스크린 4

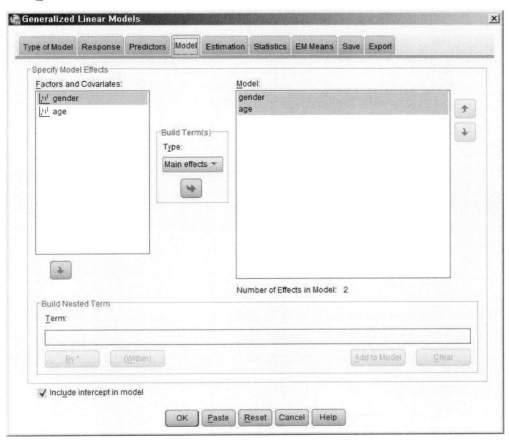

Model로 gender와 age의 주효과(main effects)를 지정합니다.

스크린 5

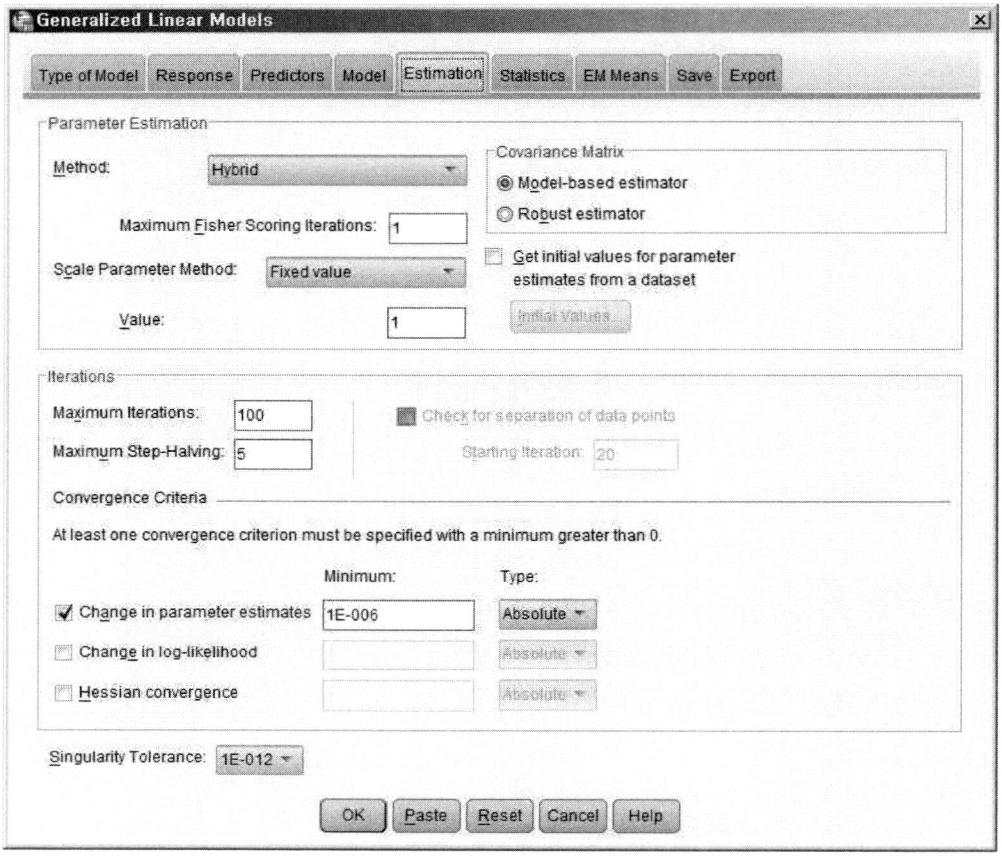

여기에는 다수의 기술적 항목이 나와 있습니다. 모두 디폴트 상태로 둡니다.

스크린 6

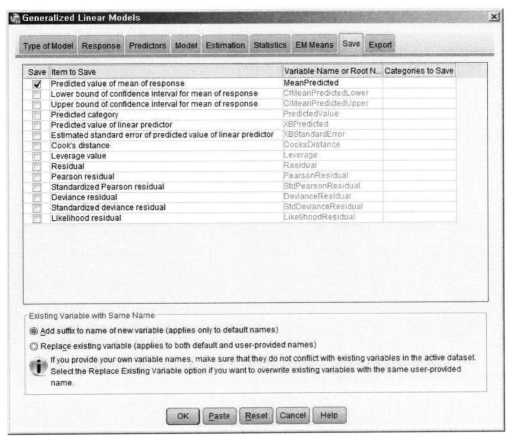

예측값(predicted value)이 저장되도록 조치합니다.

이제 OK 버튼을 누릅니다. 다음과 같이 출력이 나타날 것입니다.

Model Information

Dependent Variable	deaths
Probability Distribution	Poisson
Link Function	Log
Offset Variable	l_popn

모형 설정을 볼 수 있습니다. 종속변수는 deaths, 확률분포는 포아송, 연결함수는 로그, 오프셋 변수로 l_popn이 지정되었습니다.

Parameter Estimates

Parameter	B	Std. Error	95% Wald Confidence Interval		Hypothesis Test		
			Lower	Upper	Wald Chi-Square	df	Sig.
(Intercept)	-5.586	.0723	-5.728	-5.444	5970.951	1	.000
[gender=Female]	-.523	.0653	-.651	-.395	64.268	1	.000
[gender=Male]	0ª	.	.	.	.	.	.
[age=<25]	-7.199	.4517	-8.085	-6.314	254.042	1	.000
[age=25-34]	-7.976	1.0020	-9.940	-6.012	63.358	1	.000
[age=35-44]	-5.302	.2658	-5.823	-4.781	397.779	1	.000
[age=45-54]	-4.305	.1783	-4.655	-3.956	583.270	1	.000
[age=55-64]	-3.070	.1225	-3.310	-2.830	628.253	1	.000
[age=65-74]	-1.971	.0957	-2.159	-1.784	424.237	1	.000
[age=75-84]	-.887	.0814	-1.047	-.728	118.730	1	.000
[age=85+]	0ª	.	.	.	.	.	.
(Scale)	1ᵇ						

Dependent Variable: deaths
Model: (Intercept), gender, age, offset = l_popn

a. Set to zero because this parameter is redundant.
b. Fixed at the displayed value.

$\log_e \frac{\mu}{s}$, 즉 '척도화된 사망자 수 기댓값의 로그'의 적합 식을 볼 수 있습니다.

gender 효과: Male을 기준으로 Female이 0.523만큼 작습니다. 이것은 $\log_e(\mu/s)$ 에서
의 차이이므로, Male에 비해 Female의 '척도화된 사망자 수 기댓값'이 $e^{-0.523}$
(=0.59) 배임을 의미합니다.

age 효과: '85+'를 기준으로 '<=25'는 7.199만큼 작습니다. '25-34'는 7.976만큼 작습
니다. … '75-84'는 -0.887만큼 작습니다 ('척도화된 사망자 수 기댓값'의 로그
값에서).

Tests of Model Effects

| Source | Type III | | |
	Wald Chi-Square	df	Sig.
(Intercept)	4550.839	1	.000
gender	64.268	1	.000
age	1633.305	7	.000

Dependent Variable: deaths
Model: (Intercept), gender, age, offset = l_popn

각 설명변수에 대한 검증결과를 볼 수 있습니다. Wald 검정법이 적용되었습니다.

Goodness of Fit[b]

	Value	df	Value/df
Deviance	10.889	7	1.556
Scaled Deviance	10.889	7	
Pearson Chi-Square	10.305	7	1.472
Scaled Pearson Chi-Square	10.305	7	
Log Likelihood[a]	-43.245		
Akaike's Information Criterion (AIC)	104.490		
Finite Sample Corrected AIC (AICC)	134.490		
Bayesian Information Criterion (BIC)	111.444		
Consistent AIC (CAIC)	120.444		

Dependent Variable: deaths
Model: (Intercept), gender, age, offset = l_popn

a. The full log likelihood function is displayed and used in computing information criteria.
b. Information criteria are in small-is-better form.

Deviance는 관측자료가 적합모형에서 벗어난 정도입니다 (총 이탈도). 모형이 맞는 경우, Deviance는 자유도(df)의 카이제곱 분포를 따르고 기댓값은 df와 일치합니다.[7] 그러므로 Deviance Value/df가 1과 크게 다르다면[8] 스크린 5의 Estimation 탭에서 Scale Parameter Method를 달리 설정할 필요가 있습니다.

---

7) 모형 자유도 df = 관측 수 - 적합 파라미터 수 (= 16 - 9).
8) 예컨대 4 이상.

적합모형 해석. 앞 페이지 Parameter Estimates에서 Age 25-34의 −7.976인데 이것에 비해 Age 35-44의 −5.304는 +2.672 만큼 큽니다. 그 차이는 14.5배$(=e^{2.672})$의 리스크를 의미합니다. 35세를 전후로 당뇨병 위험이 크게 증가하는군요.

적합모형 응용. 성*연령 조합별로 표준화 사망자 수 deaths_std, 즉 인구 100,000명 당 평균 사망자 수를 구해보도록 하겠습니다. deaths_std의 산출을 위하여, 일반화선형모형 예측값(predicted)을 인구 수(popn)으로 나눈 다음 100,000을 곱할 필요가 있습니다. 즉,

    deaths_std ← predicted / popn * 100000

를 산출합니다 (SPSS Statistics ▶ Transform ▶ Compute Variable...).

다음이 그 결과입니다. 보험회사로서는 보험료율 산출에 유용한 자료일 것입니다.

	gender	age	deaths	popn	l_popn	agemidpt	predicted	deaths_std
1	Male	<25	3	1141100	13.95	20	3.20	.3
2	Male	25-34	0	485571	13.09	30	.63	.1
3	Male	35-44	12	504312	13.13	40	9.42	1.9
4	Male	45-54	25	447315	13.01	50	22.63	5.1
5	Male	55-64	61	330902	12.71	60	57.61	17.4
6	Male	65-74	130	226403	12.33	70	118.26	52.2
7	Male	75-84	192	130527	11.78	80	201.57	154.4
8	Male	85+	102	29785	10.30	90	111.68	375.0
9	Female	<25	2	1086408	13.90	20	1.80	.2
10	Female	25-34	1	489948	13.10	30	.37	.1
11	Female	35-44	3	504030	13.13	40	5.58	1.1
12	Female	45-54	11	445763	13.01	50	13.37	3.0
13	Female	55-64	30	323669	12.69	60	33.39	10.3
14	Female	65-74	63	241488	12.39	70	74.74	31.0
15	Female	75-84	174	179686	12.10	80	164.43	91.5
16	Female	85+	159	67203	11.12	90	149.32	222.2

3. 로지스틱 회귀

로지스틱 회귀(logistic regression)는 종속변수 Y가 이항형(二項型, binary type)인 경우에 적용되는 일반화선형모형입니다. 한 예로서, 표 2에서 자동차 보험청구 자료를 봅시다. 총 67,856 계약 중에서 보험청구가 있었던 4,624 계약에서는 clm 변수가 1로 코딩되어 있고 나머지 63,232 계약에서는 clm 변수가 0으로 코딩되어 있습니다. 이제 로지스틱 회귀로써 보험청구 clm에 영향을 줄 수 있는 제 요인의 효과를 다원적으로 살펴보도록 하겠습니다.

<표 2> 자동차 보험청구 자료(파일명: car.sav)

	veh_value	expos...	clm	numclaims	claimcst0	veh_body	veh_age	gender	area	agecat	veh_value_2	valcat
1	1.06	.304	0	0	.00	HBACK	3	F	C	2	1.12	1
2	1.03	.649	0	0	.00	HBACK	2	F	A	4	1.06	1
3	3.26	.569	0	0	.00	UTE	2	F	E	2	10.63	2
4	4.14	.318	0	0	.00	STNWG	2	F	D	2	17.14	2
5	.72	.649	0	0	.00	HBACK	4	F	C	2	.52	1
6	2.01	.854	0	0	.00	HDTOP	3	M	C	4	4.04	1
7	1.60	.854	0	0	.00	PANVN	3	M	A	4	2.56	1
8	1.47	.556	0	0	.00	HBACK	2	M	B	6	2.16	1
9	.52	.361	0	0	.00	HBACK	4	F	A	3	.27	1
10	.38	.520	0	0	.00	HBACK	4	F	B	4	.14	1
11	1.38	.854	0	0	.00	HBACK	2	M	A	2	1.90	1
12	1.22	.854	0	0	.00	HBACK	3	M	C	4	1.49	1

Y가 0과 1로 코딩되어 있고 Y의 실현에 영향을 줄 수 있는 p개의 공변량 $x_1, \cdots, x_p$ 가 있는 경우,[9] 로지스틱 회귀는 $Y=1$ 대 $Y=0$의 오즈(odds), 즉

$$\frac{P\{Y=1 \mid x_1, \cdots, x_p\}}{P\{Y=0 \mid x_1, \cdots, x_p\}}$$

를 다음과 같이 로그 척도로 바꿔 표현합니다.

$$\log_e \frac{P\{Y=1 \mid x_1, \cdots, x_p\}}{P\{Y=0 \mid x_1, \cdots, x_p\}} = \beta_0 + \beta_1 x_1 + \cdots + \beta_p x_p. \tag{4}$$

---

9) k개 범주를 갖는 설명변수는 $k-1$개의 공변량으로 표현 가능합니다.

표 2의 자료에 대한 로지스틱 회귀를 하기 위해 다음과 같이 들어갑니다.

SPSS Statistics
  ▶ Analyze
     ▶ Generalized Linear Models
        ▶ Generalized Linear Models ...

그러면 스크린 1의 화면이 나옵니다 (116쪽).

스크린 1 Type of Model 탭에서는 <u>Binary logistic</u>을 선택합니다.

스크린 2

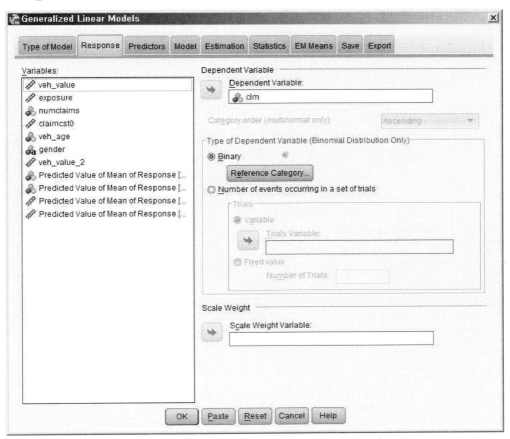

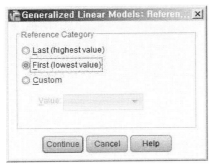

Dependent variable에 clm을 넣습니다. 그리고 <u>Reference Category</u>를 눌러 참조범주(reference category)를 지정합니다. 참조범주란 오즈(odds)의 분모 범주입니다. 표 2의 자료에서는 'clm = 0'이 참조범주입니다.

스크린 3 Predictors 탭에서는 agecat(연령범주), area(지역), veh_body(차체유형), valcat(가격범주)를 Factors에 넣습니다.

스크린 4 Model 탭에서는 주효과(main effects)를 지정합니다.

스크린 5 Estimation 탭에서는 모든 항목을 디폴트 상태로 둡니다.

스크린 6 Save 탭에서는 예측값(predicted value)가 저장되도록 조치합니다.

이제 OK 버튼을 누릅니다. 다음과 같이 출력이 나타날 것입니다.

Model Information

Dependent Variable	clm[a]
Probability Distribution	Binomial
Link Function	Logit

a. The procedure models 1 as the response, treating 0 as the reference category.

모형 설정을 볼 수 있습니다. 종속변수는 clm이고 이항분포가 설정되었으며 연결함수는 로짓(logit)입니다.[10)]

---

10) logit은 $\log_e \frac{p}{1-p}$ 형태의 함수를 말합니다. 여기서 p는 0과 1사이의 확률입니다.

Parameter Estimates

Parameter	B	Std. Error	95% Wald Confidence Interval		Hypothesis Test		
			Lower	Upper	Wald Chi-Square	df	Sig.
(Intercept)	-3.781	1.0274	-5.795	-1.768	13.545	1	.000
[agecat=1]	.462	.0722	.320	.604	40.929	1	.000
[agecat=2]	.259	.0645	.132	.385	16.054	1	.000
[agecat=3]	.232	.0629	.109	.356	13.670	1	.000
[agecat=4]	.201	.0626	.078	.323	10.274	1	.001
[agecat=5]	.011	.0683	-.123	.145	.025	1	.873
[agecat=6]	0ᵃ	.	.	.	.	.	.
[area=A]	-.105	.0718	-.246	.036	2.127	1	.145
[area=B]	-.008	.0728	-.151	.134	.013	1	.909
[area=C]	-.068	.0703	-.205	.070	.927	1	.336
[area=D]	-.196	.0786	-.350	-.042	6.189	1	.013
[area=E]	-.121	.0823	-.282	.041	2.146	1	.143
[area=F]	0ᵃ	.	.	.	.	.	.
[veh_body=BUS]	1.327	.3766	.589	2.065	12.426	1	.000
[veh_body=CONVT]	-.240	.6079	-1.432	.951	.156	1	.692
[veh_body=COUPE]	.502	.1434	.221	.784	12.272	1	.000
[veh_body=HBACK]	.236	.0723	.094	.377	10.623	1	.001
[veh_body=HDTOP]	.408	.1118	.189	.628	13.337	1	.000
[veh_body=MCARA]	.808	.2915	.236	1.379	7.678	1	.006
[veh_body=MIBUS]	.085	.1705	-.249	.419	.248	1	.619
[veh_body=PANVN]	.428	.1481	.138	.718	8.363	1	.004
[veh_body=RDSTR]	.200	.7398	-1.250	1.650	.073	1	.787
[veh_body=SEDAN]	.250	.0711	.111	.389	12.366	1	.000
[veh_body=STNWG]	.241	.0719	.100	.382	11.246	1	.001
[veh_body=TRUCK]	.192	.1145	-.033	.416	2.804	1	.094
[veh_body=UTE]	0ᵃ	.	.	.	.	.	.
[valcat=1]	.778	1.0222	-1.225	2.782	.580	1	.446
[valcat=2]	.952	1.0230	-1.053	2.957	.866	1	.352
[valcat=3]	.863	1.0274	-1.151	2.876	.705	1	.401
[valcat=4]	.227	1.1383	-2.004	2.458	.040	1	.842
[valcat=5]	.435	1.2487	-2.012	2.882	.121	1	.728
[valcat=6]	0ᵃ	.	.	.	.	.	.
(Scale)	1ᵇ						

Dependent Variable: clm
Model: (Intercept), agecat, area, veh_body, valcat

a. Set to zero because this parameter is redundant.
b. Fixed at the displayed value.

연령범주(agecat)의 최소 계수(수량화 값)는 0이고 최대 계수는 0.462로 차이가 0.462
가 됩니다. 이런 식으로, 수량화 값 범위가 지역(area)은 0.196, 차체유형(veh_body)은

1.567이고 가격범주(valcat)는 0.952입니다. 보험청구가 차체유형에 의하여 가장 큰 영향을 받는 것을 알 수 있습니다.

Tests of Model Effects

Source	Type III		
	Wald Chi-Square	df	Sig.
(Intercept)	139.329	1	.000
agecat	67.821	5	.000
area	13.757	5	.017
veh_body	38.170	12	.000
valcat	16.787	5	.005

Dependent Variable: clm
Model: (Intercept), agecat, area, veh_body, valcat

Wald 카이제곱으로 보면 연령범주(agecat)가 가장 중요한 요인을 평가됩니다.

Goodness of Fit[b]

	Value	df	Value/df
Deviance	868.380	901	.964
Scaled Deviance	868.380	901	
Pearson Chi-Square	896.260	901	.995
Scaled Pearson Chi-Square	896.260	901	
Log Likelihood[a]	-1179.150		
Akaike's Information Criterion (AIC)	2414.299		
Finite Sample Corrected AIC (AICC)	2414.323		
Bayesian Information Criterion (BIC)	2669.803		
Consistent AIC (CAIC)	2697.803		

Dependent Variable: clm
Model: (Intercept), agecat, area, veh_body, valcat

a. The full log likelihood function is displayed and used in computing information criteria.
b. Information criteria are in small-is-better form.

총 이탈도(deviance)가 자유도 901에서 863.38로 Value/df가 1에 가까우므로 적합모형이 적절함을 알 수 있습니다.

4. 순서형 다항 로지스틱 모형

순서형 다항 로지스틱 모형(ordinal multinomial logistic model)은 종속변수 Y가 3 개 이상의 순서형 범주를 취하는 경우에 적용되는 일반화선형모형입니다. 예로서, 표 3 에서 자동차 상해자료를 봅시다. 총 82,659건의 사고를 부상정도(degree_1)로 분류해보 면 치명상(1: fatal)이 676건, 중상(2: injury)이 31,369건, 경상(3: non-casualty)이 44,296건이었습니다. 부상정도에 영향을 주는 설명요인으로 자동차 유형(road. user.class; car, light truck, bus, motorcycle), 연령대(age), 성(gender)을 고려할 것입니다.

<표 3> 자동차 상해자료 (파일명: injury.sav)

	agecat	roaduserclass	sex	degree	number	degree_1
1	1	10	M	3	53	1
2	2	10	M	3	37	1
3	3	10	M	3	19	1
4	10	10	M	3	44	1
5	5	10	M	3	34	1
6	6	10	M	3	31	1
7	7	10	M	3	24	1
8	7	10	M	3	36	1
9	1	10	F	3	21	1
10	2	10	F	3	19	1
11	3	10	F	3	8	1
12	10	10	F	3	31	1

종속변수 Y가 순서적으로 $1, 2, \cdots, c\,(\geq 3)$로 코딩되는 상황에서 이항형 로지스틱 모 형은 다음과 같이 확장됩니다.

$$\log_e \frac{P(Y \leq j \mid x)}{P(Y > j \mid x)} = \alpha_j + \beta_1 x_1 + \cdots + \beta_p x_p, \quad j = 1, \cdots, c-1.$$

즉, 좌변의 로짓(logit)에서 누적확률을 쓴 것입니다. 여기서 절편항(문턱, threshold) $\alpha_1, \cdots, \alpha_{c-1}$는 $\alpha_1 < \cdots < \alpha_{c-1}$로 제약됩니다. 그림 1을 보십시오. $p = 1$인 경우에서 $(x_1, P(Y \leq j \mid x_1))$의 그래프입니다 ($j = 1, 2; c = 3$).

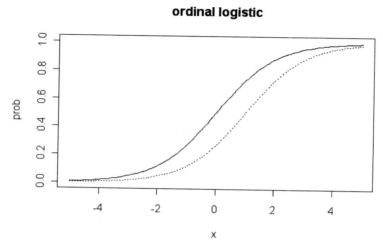

<그림 1> 순서형 로지스틱 곡선($\beta_1 = 1$): 점선 $\alpha_1 = -1$, 실선 $\alpha_2 = 0$.

이와 같은 순서형 다항 로지스틱은 응답 Y가 리커트형 5점 척도인 태도조사 자료의 분석에서 매우 유용합니다. 물론 Y가 5개 값을 일정 빈도 이상으로 취하여야 의미가 있습니다 (적어도 5회 이상).

표 3의 자료에 대한 순서형 다항 로지스틱 회귀를 해볼까요?

    SPSS Statistics
        ▶ Analyze
            ▶ Generalized Linear Models
                ▶ Generalized Linear Models …

스크린 1 Type of Model 탭에서는 <u>Ordinal logistic</u>을 선택합니다 (116쪽).

스크린 2 Response 탭에서는 degree_1을 Dependent variable에 넣습니다.

스크린 3 Predictors 탭에서는 road.user.class(자동차 유형), agecat(연령대)와 sex(성)를 Factors에 넣습니다.

스크린 4 Model 탭에서는 주효과(main effects)를 지정합니다.

스크린 5 Estimation 탭에서는 모든 항목을 디폴트 상태로 둡니다.

스크린 6 Save 탭에서는 예측값(predicted value)가 저장되도록 조치합니다.

이제 OK 버튼을 누릅니다. 다음과 같이 출력이 나타날 것입니다.

Model Information

Dependent Variable	degree descending[a]
Probability Distribution	Multinomial
Link Function	Cumulative logit

a. The procedure applies the cumulative link function to the dependent variable values in ascending order.

모형 설정을 볼 있습니다. 종속변수는 degree descending(degree_1), 확률분포는 다항(multinomial), 연결함수는 누적로짓(cumulative logit), 즉 누적확률의 로짓이 지정되었습니다.

Parameter Estimates

Parameter		B	Std. Error	95% Wald Confidence Interval		Hypothesis Test		
				Lower	Upper	Wald Chi-Square	df	Sig.
Threshold	[degree_1=1]	-5.061	.0436	-5.147	-4.976	13458.40	1	.000
	[degree_1=2]	-.483	.0180	-.518	-.448	724.275	1	.000
[roaduserclass=2]		-.151	.0270	-.204	-.098	31.458	1	.000
[roaduserclass=4]		-.304	.0367	-.375	-.232	68.514	1	.000
[roaduserclass=6]		-2.445	.0557	-2.554	-2.336	1927.593	1	.000
[roaduserclass=10]		0[a]	.	.	.	.		.
[agecat=1]		.132	.0256	.082	.182	26.464	1	.000
[agecat=2]		.068	.0253	.018	.117	7.141	1	.008
[agecat=3]		.042	.0290	-.015	.099	2.124	1	.145
[agecat=5]		-.066	.0236	-.112	-.019	7.723	1	.005
[agecat=6]		-.077	.0266	-.129	-.025	8.422	1	.004
[agecat=7]		-.105	.0281	-.160	-.050	14.056	1	.000
[agecat=10]		0[a]	.	.	.	.		.
[sex=F]		-.204	.0160	-.236	-.173	163.061	1	.000
[sex=M]		0[a]	.	.	.	.		.
(Scale)		1[b]	.	.	.	.		.

Dependent Variable: degree descending
Model: (Threshold), roaduserclass, agecat, sex

a. Set to zero because this parameter is redundant.

b. Fixed at the displayed value.

road.user.class가 범주별로 최소 -2.445, 최대 0으로 큰 차이를 보이고 있습니다(범위 2.455). agecat는 범주별로 최소 -0.105, 최대 0.132입니다(범위 0.237).

sex는 F가 M에 비해 0.204 만큼 작습니다. 이것은 F의 위험도 오즈(odds)가 M의 위험도 오즈에 비해 0.815배(= $e^{-0.204}$)인 것을 말합니다.

Tests of Model Effects

Source	Type III		
	Wald Chi-Square	df	Sig.
roaduserclass	1967.926	3	.000
agecat	106.410	6	.000
sex	163.061	1	.000

Dependent Variable: degree descending
Model: (Threshold), roaduserclass, agecat, sex

road.user.class의 Wald 카이제곱이 단연 큽니다. 그만큼 road.user.class에 의해 위험도 오즈가 크게 결정됨을 의미합니다.

Goodness of Fit[a]

	Value	df	Value/df
Deviance	406.067	98	4.144
Scaled Deviance	406.067	98	
Pearson Chi-Square	479.708	98	4.895
Scaled Pearson Chi-Square	479.708	98	
Log Likelihood[b]	-440.577		
Akaike's Information Criterion (AIC)	905.155		
Finite Sample Corrected AIC (AICC)	905.159		
Bayesian Information Criterion (BIC)	1016.070		
Consistent AIC (CAIC)	1028.070		

Dependent Variable: degree descending
Model: (Threshold), roaduserclass, agecat, sex

a. Information criteria are in small-is-better form.

b. The full log likelihood function is displayed and used in computing information criteria.

Deviance(총 이탈도)의 Value/df가 4.144로 꽤 큽니다. 이것은 상정 모형이 과소적합 되었음을 의미합니다. 추가적 설명변수를 투입하여 모형을 키우는 것이 이상적 방안이 지만, 그것이 어렵다면 스크린 5에서 scale parameter 설정을 Fixed Value에서 Deviance로 바꿔줘야 합니다. 그리고 Generalized Linear Models를 재실행시켜 보십시오. 일부 검정 결과가 영향을 받습니다. 그러나 모형 추정은 바뀌지 않습니다.

5. 감마 회귀

감마 회귀(gamma regression)에서는 종속변수 Y가 공변량 $x_1, \cdots, x_p$에 조건화하여 감마분포를 따른다고 가정됩니다. 그러면, 감마 분포(gamma distribution)가 뭐냐를 말할 필요가 있겠군요.

감마분포는 그림 2에서 한 예가 보여주듯이 비음의 실수 위에서 정의되는 확률분포입니다. Gamma(α, β)로 표기되는 감마분포는 다음과 같은 밀도를 갖습니다 ($\alpha > 0, \beta > 0$).

$$f(y) = \frac{1}{\Gamma(\alpha)\beta} \left(\frac{y}{\beta} \right)^{\alpha-1} \exp\left(-\frac{y}{\beta} \right), \ y > 0.$$

Gamma(α, β) 분포의 평균과 분산은 다음과 같습니다.

$$E(Y) = \alpha\beta \, (=\mu), \quad Var(Y) = \alpha\beta^2 = \frac{\mu^2}{\alpha}.$$

감마 회귀(gamma regression)에서는 평균의 로그 변환을 공변량 $x_1, \cdots, x_p$의 선형결합으로 놓습니다. 즉,

$$\log_e E\{ Y \mid x_1, \cdots, x_p \} = \beta_0 + \beta_1 x_1 + \cdots + \beta_p x_p.$$

표 4는 총 4,624건의 보험청구 자료입니다. 보험계약자가 청구한 금액 claim.size는 당연히 비음(nonnegative)이겠지요. 이것에 통상적인 선형모형을 적용한다면 적절하지 못할 것입니다.

설명변수로는 연령대(age.cat), 성(gender), 지역(area), 차체(veh_body), '연령대'와 '성'의 상호작용(age.cat*gender)을 고려할 것입니다.

표 4의 자료에 대한 감마 회귀는 다음 순서로 합니다.

> SPSS Statistics
>> ▶ Analyze
>>> ▶ Generalized Linear Models
>>>> ▶ Generalized Linear Models ...

<표 4> 보험청구액 자료(일부, 파일명: car_active.sav)

	veh_value	exposure	clm	numclaims	claimsize	veh_body	veh_age	gender	area	agecat	valcat
1	1.66	.485	1	1	669.51	SEDAN	3	M	B	6	1
2	1.51	.994	1	1	806.61	SEDAN	3	F	F	4	1
3	.76	.539	1	1	401.81	HBACK	3	M	C	4	1
4	1.89	.654	1	2	1811.71	STNWG	3	M	F	2	1
5	4.06	.851	1	1	5434.44	STNWG	2	M	F	3	2
6	1.39	.318	1	1	865.79	HBACK	3	F	A	4	1
7	2.66	.318	1	1	1105.77	STNWG	1	F	F	5	2
8	.50	.071	1	1	200.00	HBACK	4	F	A	5	1
9	1.16	.597	1	2	739.23	STNWG	4	F	B	2	1
10	3.56	.906	1	1	3230.60	MCARA	3	M	F	4	2
11	2.15	.654	1	1	200.00	SEDAN	3	F	A	5	1
12	3.03	.903	1	1	200.00	TRUCK	1	M	C	1	2

⋮

스크린 1 Type of Model 탭에서는 <u>Gamma with log link</u>를 선택합니다. 스크린 5의 <u>Scale parameter method</u>가 <u>maximum likelihood estimate</u>로 바뀝니다.

스크린 2 Response 탭에서는 claimsize를 Dependent variable에 넣습니다.

스크린 3 Predictors 탭에서는 age.cat(연령대), gender(성), area(지역), veh_body(차체)를 Factors에 넣습니다.

스크린 4 Model 탭에서는 age.cat, gender, area, veh_body를 주효과(main effects)로 지정하고 age.cat와 gender의 상호작용(interaction)을 추가합니다.

스크린 5 Estimation 탭에서는 모든 항목을 디폴트 상태로 둡니다.

스크린 6 Save 탭에서는 예측값(predicted value)가 저장되도록 조치합니다.

이제 OK 버튼을 누릅니다. 다음과 같이 출력이 나타납니다.

Model Information

Dependent Variable	claimsize
Probability Distribution	Gamma
Link Function	Log

모형 설정 정보가 나타납니다. 종속변수는 claim.size, 연결함수는 log, 확률분포는 감마입니다.

Parameter Estimates

Parameter	B	Std. Error	95% Wald Confidence Interval		Hypothesis Test		
			Lower	Upper	Wald Chi-Square	df	Sig.
(Intercept)	8.104	.1299	7.849	8.358	3889.628	1	.000
[agecat=1]	.314	.1156	.088	.541	7.390	1	.007
[agecat=2]	.053	.1029	-.148	.255	.268	1	.605
[agecat=3]	-.153	.1020	-.353	.046	2.266	1	.132
[agecat=4]	-.048	.1003	-.244	.149	.226	1	.634
[agecat=5]	-.290	.1085	-.502	-.077	7.134	1	.008
[agecat=6]	0a	.	.	.	.	.	.
[gender=F]	-.381	.1205	-.618	-.145	10.014	1	.002
[gender=M]	0a	.	.	.	.	.	.
[area=A]	-.408	.0797	-.565	-.252	26.235	1	.000
[area=B]	-.434	.0808	-.592	-.275	28.827	1	.000
[area=C]	-.342	.0785	-.496	-.188	19.014	1	.000
[area=D]	-.409	.0870	-.580	-.238	22.100	1	.000
[area=E]	-.252	.0911	-.430	-.073	7.651	1	.006
[area=F]	0a	.	.	.	.	.	.
[veh_body=BUS]	-.431	.3873	-1.190	.329	1.236	1	.266
[veh_body=CONVT]	.288	.6645	-1.014	1.590	.188	1	.665
[veh_body=COUPE]	.308	.1571	9.215E-5	.616	3.844	1	.050
[veh_body=HBACK]	.053	.0816	-.107	.213	.429	1	.513
[veh_body=HDTOP]	-.023	.1231	-.265	.218	.036	1	.849
[veh_body=MCARA]	-1.155	.3138	-1.770	-.540	13.542	1	.000
[veh_body=MIBUS]	.338	.1897	-.034	.709	3.166	1	.075
[veh_body=PANVN]	.109	.1629	-.210	.428	.448	1	.503
[veh_body=RDSTR]	-.971	.8112	-2.560	.619	1.432	1	.232
[veh_body=SEDAN]	-.067	.0800	-.223	.090	.692	1	.405
[veh_body=STNWG]	-.082	.0791	-.237	.073	1.063	1	.303
[veh_body=TRUCK]	.104	.1265	-.144	.352	.674	1	.412
[veh_body=UTE]	0a	.	.	.	.	.	.

(다음 페이지에 계속)

[agecat=1] * [gender=F]	-.031	.1591	-.343	.281	.039	1	.844
[agecat=1] * [gender=M]	0[a]	.	.	.	.	.	.
[agecat=2] * [gender=F]	.154	.1421	-.124	.433	1.177	1	.278
[agecat=2] * [gender=M]	0[a]	.	.	.	.	.	.
[agecat=3] * [gender=F]	.329	.1394	.056	.602	5.561	1	.018
[agecat=3] * [gender=M]	0[a]	.	.	.	.	.	.
[agecat=4] * [gender=F]	.186	.1390	-.086	.459	1.794	1	.180
[agecat=4] * [gender=M]	0[a]	.	.	.	.	.	.
[agecat=5] * [gender=F]	.407	.1517	.110	.704	7.199	1	.007
[agecat=5] * [gender=M]	0[a]	.	.	.	.	.	.
[agecat=6] * [gender=F]	0[a]	.	.	.	.	.	.
[agecat=6] * [gender=M]	0[a]	.	.	.	.	.	.
(Scale)	1.300[b]	.0232	1.255	1.346			

Dependent Variable: claimsize
Model: (Intercept), agecat, gender, area, veh_body, agecat * gender

a. Set to zero because this parameter is redundant.
b. Maximum likelihood estimate.

모형 추정치를 볼 수 있습니다. 연령범주(age.cat)와 성(gender)의 주효과 뿐만 아니라 두 요인 간 상호작용, 그리고 scale의 추정값이 나타나 있습니다. 차체(veh_body)에 따른 계수들이 큰 폭의 범위에 걸쳐 있음에 유의할 필요가 있습니다.

이 표를 근거로 연령범주, 성, 지역, 차체의 모든 조합에서의 평균 보험청구액을 구할 수 있습니다. 이를 근거로 합리적 보험료율을 결정하는 것이지요.

Tests of Model Effects

	Type III		
Source	Wald Chi-Square	df	Sig.
(Intercept)	6621.847	1	.000
agecat	37.141	5	.000
gender	28.104	1	.000
area	35.631	5	.000
veh_body	38.960	12	.000
agecat * gender	16.319	5	.006

Dependent Variable: claimsize
Model: (Intercept), agecat, gender, area, veh_body, agecat * gender

각 요인의 Wald 카이제곱을 볼 수 있습니다.

Goodness of Fit[b]

	Value	df	Value/df
Deviance	7172.459	4595	1.561
Scaled Deviance	5517.297	4595	
Pearson Chi-Square	13069.961	4595	2.844
Scaled Pearson Chi-Square	10053.854	4595	
Log Likelihood[a]	-39584.141		
Akaike's Information Criterion (AIC)	79228.282		
Finite Sample Corrected AIC (AICC)	79228.687		
Bayesian Information Criterion (BIC)	79421.453		
Consistent AIC (CAIC)	79451.453		

Dependent Variable: claimsize
Model: (Intercept), agecat, gender, area, veh_body, agecat * gender

a. The full log likelihood function is displayed and used in computing information criteria.
b. Information criteria are in small-is-better form.

총 이탈도(Deviance)가 나타나 있습니다. Scaled Deviance는 Deviance를 scale 추정치로 나눈 값입니다. 감마분포의 경우 scale은 α의 역수입니다.

6. 요약

일반화선형모형은 선형모형의 확장으로 종속변수를 비(非)정규분포로, 평균반응의 특정 변환을 p개 공변량의 선형적 결합으로 모형화할 수 있습니다.

비정규분포의 예로는 이항분포, 순서형 다항분포, 포아송 분포, 감마분포 등을 들 수 있습니다. 특정변환의 예로는 로짓(logit)과 로그(logarithm) 등이 있습니다.

보험 자료에 대하여 유용한 적용이 다수 있습니다. 예컨대 보험청구발생(0,1)에 대하여는 로지스틱 회귀(이항분포와 logit 변환), 상해 등급에 대하여는 순서형 다항 로지스틱 모형, 사망자 수에 대하여는 포아송 회귀(포아송 분포와 log 변환), 청구금액에 대하여는 감마 회귀(감마 분포와 log 변환)를 고려할 수 있습니다.

한편, 일정한 한계가 있기도 합니다. 일반화선형모형에서는 설명요인의 고정 효과(fixed effect)만 고려됩니다. 즉, 변량효과(random effect)는 안 된다는 것입니다. 이에 대하여는 다음 장에서 다루겠습니다.

7장. 일반화선형혼합모형

선형모형(linear model)은 반응이 설명변량들의 선형결합에 정규분포를 따르는 오차가 붙는 통계적 모형입니다. 다중선형회귀가 여기에 속합니다. 그런데 6장에서 이것이 일반화선형모형(generalized linear model)으로 확장된다는 것을 공부한 바 있습니다. 일반화선형모형에서는 종속변수가 지수족의 비(非)정규분포를 따를 수 있으며(예컨대, 이항분포, 순서형 다항분포, 포아송 분포, 감마분포 등) 평균반응의 특정 변환(예컨대, 로짓(logit)과 로그(logarithm) 등)이 p개 공변량의 선형적 결합으로 표현됩니다.

일반화선형모형에서는 설명요인이 고정 효과(fixed effect)인 경우로 국한되는데 이것이 변량효과(random effect)일 수 있도록 제약을 없앤 것이 이 장에서 다룰 일반화선형혼합모형(generalized linear mixed model, GLMM)입니다. 여기서 변량효과란 임의추출된 설명요인 수준(범주)이 반응에 미치는 차별적 효과를 말합니다.

예컨대, 전국 2,000개 고교에서 10개 고교를 임의추출하고 추출된 학교에서 20명을 임의 선정하여 그 중 10명에는 멘토(mentor)를 두어 정기적으로 면담하게 하고 나머지 10명에는 멘토를 두지 않았다고 합시다. 그리고 일정기간 후 측정된 대상 학생의 학업 충실도 Y에 대한 설명요인으로서 멘토링 여부 x (=0,1) 외에 소속고교 u를 고려할 수 있을 것입니다. 이런 경우, x는 고정요인(fixed factor)이지만 u는 변량요인입니다. 왜냐하면 x는 연구자에 의해 결정되지만 u는 랜덤 메커니즘으로 생성되기 때문입니다.

또 하나의 확장경로는 선형모형에서 선형혼합모형으로, 선형혼합모형에서 일반화선형혼합모형으로 가는 길입니다. 이 강의에서는 이 길을 따라 갑니다. 그리고 일반화선형혼합모형의 한 응용이라고 할 수 있는 다수준 모형(multilevel)을 부록에 소개합니다.

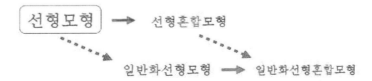

1. 선형혼합모형

m개의 추출개체 각각을 $i\,(=1,\cdots,m)$로 지칭하고 각 추출개체 내에서의 n_i개의 반복관측을 $j\,(=1,\cdots,n_i)$로 표기합니다. 각 추출개체에 대하여 변량요인(random factor) u가 관측되어 $u_1,\cdots,u_m$이 얻어진 것으로 하겠습니다. 또한 m개 개체 종속변수 y와 고정요인(fixed factor) $x_1,\cdots,x_p$의 반복관측 자료로서

$$(y_{ij}, x_{ij}^{[1]}, \cdots, x_{ij}^{[p]}),\ j=1,\cdots,n_i;\ i=1,\cdots,m$$

이 확보되었기에 $u_i\,(i=1,\cdots,m)$와 함께 분석하고자 합니다.

y가 연속형인 경우, 다음과 같이 u_i에 조건화된 모형을 고려할 수 있겠습니다.

$$y_{ij}\mid u_i \sim N(\mu(x_{ij}^{[1]},\cdots,x_{ij}^{[p]},u_i),\sigma),\qquad(1)$$

여기서 평균 $\mu(x_{ij}^{[1]},\cdots,x_{ij}^{[p]},u_i)$는

$$\mu(x_{ij}^{[1]},\cdots,x_{ij}^{[p]},u_i)=x_{ij}^{[1]}\beta_1+\cdots+x_{ij}^{[p]}\beta_p+u_i$$

입니다. 즉, y_{ij}의 조건부 평균 μ_{ij}는 고정요인 값 $x_{ij}^{[1]},\cdots,x_{ij}^{[p]}$의 선형결합과 변량효과 u_i의 합으로 표현됩니다 ($\beta_1,\cdots,\beta_p$는 계수 파라미터). 통상적으로, 변량효과 u_i는 독립적으로 $N(0,\tau)$를 따르는 것으로 가정합니다.

좀 복잡하게 되었는데, (1)을 선형혼합모형(linear mixed model)이라고 합니다.

2. 일반화선형혼합모형(generalized linear mixed model)

종속변수 y가 이항형인 경우를 생각합시다. 즉, y는 1(예) 또는 0(아니요)인 경우입니다. 이런 때는 y에 대한 조건부분포를 정규분포로 두는 대신 다음과 같이 베르누이분포로 두는 것이 자연스럽습니다.

$$y_{ij}\mid u_i \sim Bernoulli(\mu(x_{ij}^{[1]},\cdots,x_{ij}^{[p]},u_i)),\qquad(2)$$

여기서 성공확률 $\mu(x_{ij}^{[1]},\cdots,x_{ij}^{[p]},u_i)$는

$$\log_e \frac{\mu(\,x_{ij}^{[1]}\,,\;\cdots\,,x_{ij}^{[p]}\,,u_i\,)}{1-\mu(\,x_{ij}^{[1]}\,,\;\cdots\,,x_{ij}^{[p]}\,,u_i\,)} \;=\; x_{ij}^{[1]}\beta_1 + \;\cdots\; + x_{ij}^{[p]}\beta_p + u_i$$

입니다. 즉, y_{ij}의 조건부 성공확률 θ_{ij}는 로짓(logit) 변환을 거쳐서 고정요인의 제 수준 $x_{ij}^{[1]}\,,\;\cdots\,,x_{ij}^{[p]}$의 선형결합과 변량효과 u_i의 합으로 표현됩니다 ($\beta_1,\;\cdots\,,\beta_p$는 계수 파라미터). 변량효과 u_i는 독립적으로 $N(0,\tau)$를 따른다고 간주합니다.

이상의 확장은 y가 이항분포, 포아송 분포, 감마 분포 등 지수족 분포 G를 따르는 경우에도 가능합니다. 즉,

$$y_{ij} \mid u_i \;\sim\; G(\mu(\,x_{ij}^{[1]}\,,\;\cdots\,,x_{ij}^{[p]}\,,u_i\,),\phi_i)\,, \tag{3}$$

여기서 $\mu(\,x_{ij}^{[1]}\,,\;\cdots\,,x_{ij}^{[p]}\,,u_i\,)$는 변환 g를 거쳐서 고정요인 값 $x_{ij}^{[1]}\,,\;\cdots\,,x_{ij}^{[p]}$의 선형결합과 변량효과 u_i의 합으로 표현됩니다 ($\beta_1,\;\cdots\,,\beta_p$는 계수 파라미터). 즉,

$$g(\mu(\,x_{ij}^{[1]}\,,\;\cdots\,,x_{ij}^{[p]}\,,u_i\,)) \;=\; x_{ij}^{[1]}\beta_1 + \;\cdots\; + x_{ij}^{[p]}\beta_p + u_i \tag{4}$$

입니다. 변량효과 u_i는 독립적으로 $N(0,\tau)$를 따릅니다. ϕ_i는 분포 G의 척도 파라미터입니다. (4)의 함수 $\eta = g(\mu)$를 연결함수(link function)라고 합니다.

지수족 분포 G가 베르누이 분포(또는 이항분포)인 경우 자연스러운 연결함수는

$$\eta = \log_e \frac{\mu}{1-\mu}\,,$$

즉 로짓 변환입니다. G가 포아송 분포 또는 감마 분포인 경우 자연스러운 연결함수는 $\eta = \log_e \mu$ (로그 변환)입니다. 6장 참조.

더 복잡하게 되었는데, (3)을 일반화선형혼합모형(generalized linear mixed model), 약어로 GLMM이라고 합니다.[1]

---

1) 이제까지는 1개 수준에서 변량효과가 나타나는 경우를 다루었으나 q개 수준에서 나타날 수 있습니다 ($q \geq 1$). 이에 따라 GLMM은 다음과 같이 일반적으로 표현됩니다.

$$\boldsymbol{y} \mid \boldsymbol{u} \;\sim\; G(\boldsymbol{\mu},\phi)\,,$$

여기서 $\boldsymbol{y}$는 $n{\times}1$ 반응, $\boldsymbol{u}$는 $q{\times}1$ 변량벡터, ϕ는 분포 G의 척도입니다. 그리고

$$g(\boldsymbol{\mu}) \;=\; \boldsymbol{X}\boldsymbol{\beta} + \boldsymbol{Z}\boldsymbol{u}\,, \quad \boldsymbol{u} \;\sim\; N(0, \boldsymbol{V})$$

입니다 ($\boldsymbol{X}$는 $n{\times}p$ 모형행렬, $\boldsymbol{\beta}$는 $p{\times}1$ 계수벡터, $\boldsymbol{Z}$는 $n{\times}q$ 모형행렬, $\boldsymbol{u}$는 $q{\times}1$ 변량벡터, $\boldsymbol{V}$는 $q{\times}q$ 공분산행렬).

3. 집락추출 조사자료에 대한 GLMM

조사 연구(survey research)에서는 집락추출(cluster sampling)이 꽤 자주 사용됩니다. 집락(集落, cluster)이라고 함은 조사개체들의 덩어리인데, 예를 들어 학교나 지역 등이 집락에 해당됩니다 (이 경우, 조사개체는 학생과 주민 또는 가구입니다). 집락추출에서는 1단계에서 일정 수의 집락을 임의추출하고 2단계에서 추출집락 별로 다수의 개체를 추출을 합니다. 그러므로 1단계의 추출집락은 변량요인으로 간주될 수 있습니다.

한 예로서 방글라데시 여성피임 조사자료를 모형화해 보기로 합니다. 이 사례에서는 방글라데시 전국에서 61개 지역이 임의추출되었습니다. 그리고 추출지역에서 평균 30여명 가량의 여성들을 임의로 뽑아 조사하였습니다. 총 응답자 수는 1,934명입니다.

조사자료는 표 1과 같습니다. 목표변수는 피임도구 사용에 대한 이항형 응답인 use입니다(N 아니오, Y 예). 다른 변수들에 대한 정의는 다음과 같습니다
  - woman = 응답자 고유번호
  - district = 추출지역 코드
  - urban = 지역특성(urban,rural)
  - livchildren = 자녀 수 (0,1,2,3,4+)
  - age = 나이(응답자 평균연령으로부터의 편차)
  - age2 = age*age

<표 1> 방글라데시 여성피임 조사자료(일부, 파일명: contraception_1.sav)

	woman	district	use	urban	livchildren	age	age2	children
1	1	1	N	1	3+	18.4400	340.03	1
2	2	1	N	1	0	-5.5599	30.91	0
3	3	1	N	1	2	1.4400	2.07	1
4	4	1	N	1	3+	8.4400	71.23	1
5	5	1	N	1	0	-13.5590	183.85	0
6	6	1	N	1	0	-11.5600	133.63	0
7	7	1	N	1	3+	18.4400	340.03	1
8	8	1	N	1	3+	-3.5599	12.67	1
9	9	1	N	1	1	-5.5599	30.91	1
10	10	1	N	1	3+	1.4400	2.07	1
11	11	1	Y	1	0	-11.5600	133.63	0
12	12	1	N	1	0	-2.5599	6.55	0

응답자의 피임여부를 다음과 같이 일반화선형혼합모형으로 모형화할 수 있겠습니다. 아래에서 i는 추출지역이고 j는 추출지역 내 응답자 번호입니다.

$$\log_e \frac{P\{use_{ij}=1\}}{P\{use_{ij}=0\}} = \beta_0 + \beta_1 I[urban_{ij}=1] + \beta_2 I[livchildren_{ij}=0]$$

$$+ \beta_3 I[livchildren_{ij}=1] + \beta_4 I[livchildren_{ij}=2] + \beta_5 I[livchildren_{ij}=3+]$$

$$+ \beta_6 age_{ij} + \beta_7 age_{ij}^2 + u_i, \quad i=1,\cdots,61; \; j=1,\cdots,n_i.$$

여기서 $n_1, \cdots, n_{61}$은 지역별 응답자 수입니다($m=61$). 그리고 $u_1, \cdots, u_{61}$는 지역의 변량효과로서 독립적으로 $N(0,\tau)$를 따른다고 가정합니다.

표 1의 조사자료에 대한 일반화선형혼합모형 분석을 해 봅시다. 다음과 같이 들어갑니다.

    SPSS Statistics
        ▶ Analyze
            ▶ Mixed Models
                ▶ Generalized Linear ...

그러면 다음과 같이 화면이 이어집니다.

스크린 1

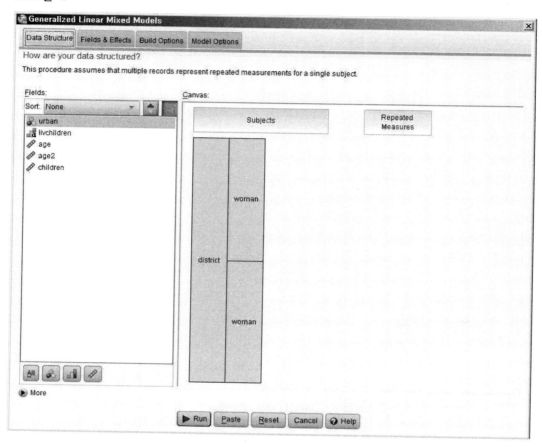

<u>Subjects</u>에 1단계 추출개체인 district를 넣고 이어서 2단계 추출개체인 woman을 넣습니다.

스크린 2

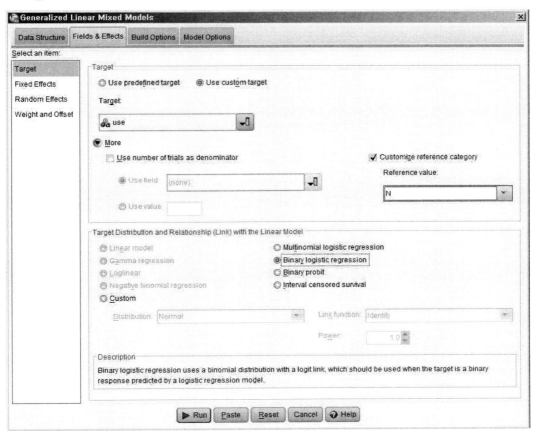

<u>Target</u>에 use를 지정합니다.

<u>Target Distribution and Relationship (Link) with the Linear Model</u>에서 'Binary logistic regression'을 지정합니다.

<u>More</u>를 열어 <u>Customize reference category</u>에서 <u>Reference value</u>를 'N'으로 지정합니다.

스크린 3

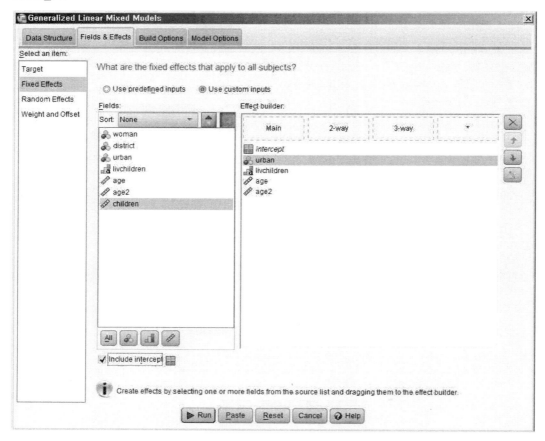

Fixed Effects에 urban[factor], livchildren[factor], age[scale], age2[scale]를 넣습니다.

스크린 4

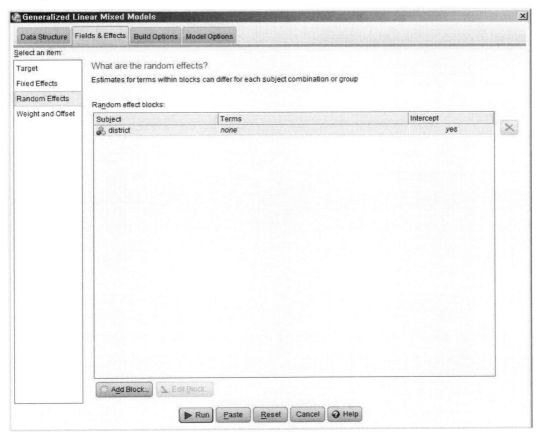

<u>Random effect blocks</u>에 district의 <u>intercept</u>가 <u>yes</u>가 되도록 합니다.

스크린 5

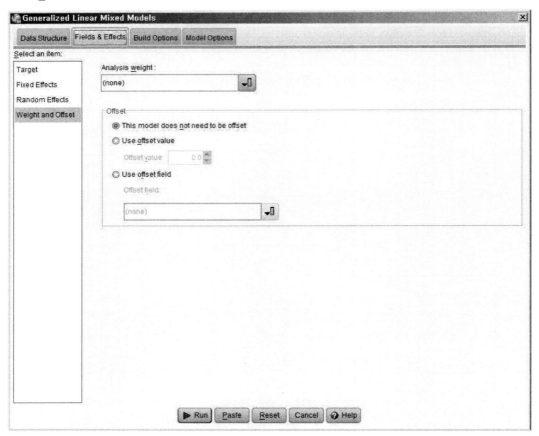

<u>Analysis weight</u>와 <u>Offset</u>을 특별히 지정하지 않습니다.

이제 Run을 누르면, Model Viewer에서 다음과 같은 출력을 얻게 됩니다

Model Summary

Target: use

Target	use
Probability Distribution	Binomial
Link Function	Logit
Information Criterion — Akaike Corrected	8,577.939
Information Criterion — Bayesian	8,583.500

Information criteria are based on the -2 log pseudo likelihood (8,575.936) and are used to compare models. Models with smaller information criterion values fit better. When comparing models using pseudo likelihood values, caution should be used because different data transformations may be used across the models.

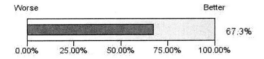

67.3%

Accuracy

모형 설정과 정보량 기준이 나옵니다. 이항분포와 로짓 함수가 지정되어 있습니다.

Fixed Effects

Target:use
Reference Category:N

Source	F	df1	df2	Sig.
Corrected Model ▼	23.445	6	1,927	.000
urban	32.715	1	1,927	.000
livchildren	11.146	3	1,927	.000
age	0.146	1	1,927	.703
age2	38.526	1	1,927	.000

Probability distribution:Binomial
Link function:Logit

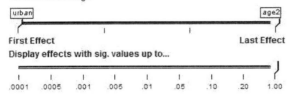

각 고정요인에 대한 유의성 검증의 결과를 볼 수 있습니다. urban과 'age+age2'가 강력한 고정 설명요인임을 알 수 있습니다.

Fixed Coefficients

Target:use
Reference Category:N

Model Term	Coefficient ▼	Std.Error	t	Sig.	95% Confidence Interval	
					Lower	Upper
Intercept	0.569	0.153	3.725	.000	0.269	0.868
urban=0	-0.684	0.120	-5.720	.000	-0.919	-0.450
urban=1	0ᵃ					
livchildren=0	-0.899	0.185	-4.851	.000	-1.263	-0.536
livchildren=1	-0.097	0.163	-0.597	.551	-0.418	0.223
livchildren=2	0.002	0.155	0.011	.991	-0.302	0.305
livchildren=3+	0ᵃ					
age	0.004	0.009	0.382	.703	-0.015	0.022
age2	-0.004	0.001	-6.207	.000	-0.006	-0.003

Probability distribution:Binomial
Link function:Logit

각 고정 요인 및 수준의 모형 계수를 읽을 수 있습니다. urban=1에 비해 urban=0,
즉 rural에서 피임도구의 사용 비율이 낮았습니다. livchildren의 0 수준에서 다른
수준에 비교하여 피임도구의 사용 비율이 낮았습니다. age의 효과가 오목형의 2차 함
수로 나타났습니다. 이것은 평균연령에서 피임도구의 사용률이 높고 저연령과 고연령
에서 피임도구의 사용률이 낮음을 의미합니다.

Random Effect Covariances

Target: use

Covariance

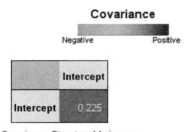

Negative   Positive

Covariance Structure: Variance components
Subject Specification: district

변량요인의 분산을 알려줍니다. 표준편차가 0.474 (= $\sqrt{0.225}$)정도 됩니다. 앞 쪽의 urban과 livchildren의 계수들과 비교할 때 상당한 크기임을 볼 수 있습니다. 이것은 지역 district 간 변동이 꽤 있음을 의미합니다.

Covariance Parameters

Target:use

Covariance Parameters	**Residual Effect**	0
	Random Effects	1
Design Matrix Columns	**Fixed Effects**	9
	Random Effects	1[a]
Common Subjects		60

Common subjects are based on the subject specifications for the residual and random effects and are used to chunk the data for better performance.

[a] This is the number of columns per common subject.

고정효과 파라미터는 9개,[2]
변량효과 파라미터는 1개

---

2) 0인 것 포함.

Estimated Means: Significant Effects

Target: use

Estimated means charts for significant effects (p<.05) are displayed. Up to ten effects are displayed, beginning with the top three-way effects. Effects shown contain categorical predictors only.

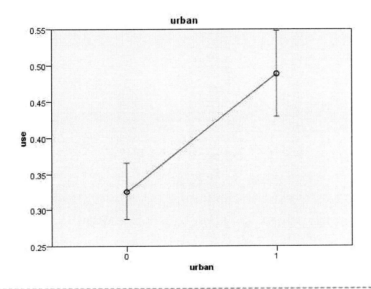

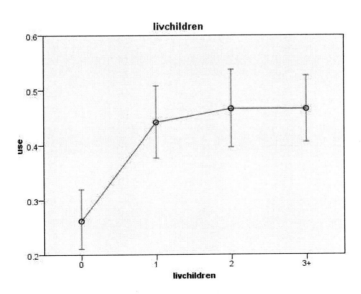

고정요인 수준별 추정평균을 그래프로 보여줍니다. 수준 간 비교를 할 수 있습니다.

4. 반복측정자료에 대한 GLMM

이 사례에서는 아동 피험자 10명을 3회 측정한 자료를 다룹니다 (visit=1,2,3). 분석변수는 다음 5개입니다.

- distance = 뇌의 특정 2개 부위 간 거리, 종속변수
- subject = 피험자
- gender = 성
- age = 나이
- visit = 방문차수 (1,2,3)

표 2에서 자료를 보십시오. 종속변수 distance는 연속형이므로 성과 나이, 피험자 특성에 조건화하여 정규분포로 모형화해볼 수 있겠습니다.[3]

피험자가 임의선택되었다는 가정을 할 수 있으므로 이 사례에서는 subject가 변동요인(random effect)입니다. 그리고 각 피험자가 3회 반복측정되었으므로 반복측정치간 자기상관(autocorrelation)이 있을 것임을 예상할 수 있습니다.

---

3) 한 대안은 distance가 비음(nonnegative)의 연속형임을 고려하여 정규분포 대신 감마 분포를 적용해보는 것입니다.

<표 2> 뇌하수체 성장 자료(파일명: growth_reduced.sav, 일부)

	subject	gender	age	distance	visit
1	1	F	10	20.0	1
2	1	F	12	21.5	2
3	1	F	14	23.0	3
4	2	F	10	21.5	1
5	2	F	12	24.0	2
6	2	F	14	25.5	3
7	3	F	10	24.0	1
8	3	F	12	24.5	2
9	3	F	14	26.0	3
10	4	F	10	24.5	1
11	4	F	12	25.0	2
12	4	F	14	26.5	3
13	5	F	10	23.0	1
14	5	F	12	22.5	2
15	5	F	14	23.5	3

표 2의 반복측정자료에 일반화선형혼합모형을 적용해 봅시다.

SPSS Statistics
▶ Analyze
▶ Mixed Linear Models
▶ Generalized Linear ...

스크린 1

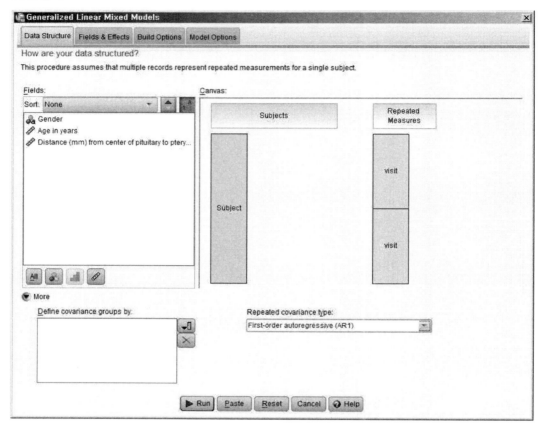

Subjects에 Subject를 넣고 Repeated Measures에 visit을 넣습니다.

More를 열어 Repeated covariance type에서 First-order autoregressive(AR1)을 넣습니다. 이것은 연이은 visit 간 상관이 ρ 이고 visit=1과 visit=3 간 상관이 ρ^2 으로 가정하였음을 뜻합니다.

스크린 2

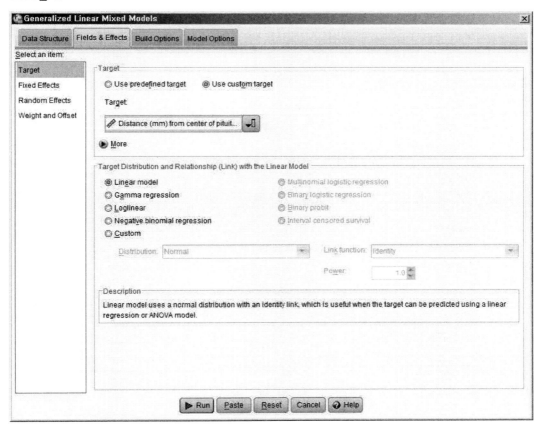

Target에 Distance를 지정합니다. 그리고 Target Distribution and Relationship with the Linear Model에 Linear model을 지정합니다.

스크린 3

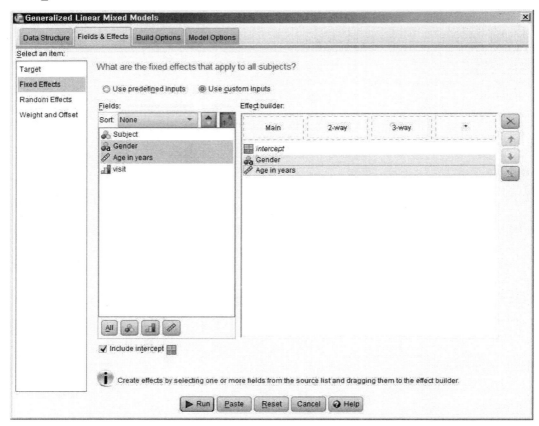

Fixed Effects에 Gender[factor]와 Age in years[scale]를 넣습니다.

스크린 4

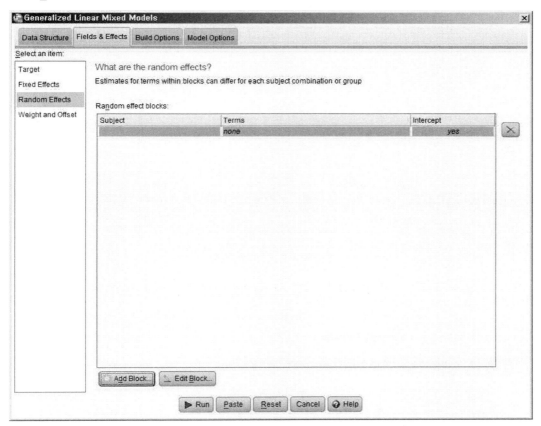

Add Block 버튼을 누른 뒤 'include intercept'를 클릭합니다.

Random effect blocks에 Intercept만 yes가 되도록 합니다.

스크린 5 이하 다른 탭과 윈도는 건드리지 않습니다.

Model Summary

Target: Distance (mm) from center of pituitary to pteryo-maxillary fissure

Target		Distance (mm) from center of pituitary to pteryo-maxillary fissure
Probability Distribution		Normal
Link Function		Identity
Information Criterion	**Akaike Corrected**	113.503
	Bayesian	116.348

Information criteria are based on the -2 log likelihood (106.460) and are used to compare models. Models with smaller information criterion values fit better.

모형 설정과 정보량 기준이 나타납니다. 정규분포와 항등함수가 지정되어 있습니다.

Fixed Effects

Target:Distance (mm) from center of pituitary to pteryo-maxillary fissure

Source	F	df1	df2	Sig.
Corrected Model ▼	13.237	2	27	.000
gender	3.702	1	27	.065
age	22.772	1	27	.000

Probability distribution:Normal
Link function:Identity

[gender] First Effect ——————————————— Last Effect [age]

Display effects with sig. values up to...

.0001 .0005 .001 .005 .01 .05 .10 .20 1.00

각 고정요인에 대한 유의성 검증의 결과를 볼 수 있습니다. gender가 이항형이므로 양측 검정보다는 단측 검정이 맞겠습니다. 그러므로 양측 유의확률 6.5%를 단측으로 바꾸면 3.25%이므로 gender 효과도 유의한 것으로 볼 수 있습니다.

Fixed Coefficients

Target:Distance (mm) from center of pituitary to pteryo-maxillary fissure

Model Term	Coefficient ▼	Std.Error	t	Sig.	95% Confidence Interval	
					Lower	Upper
Intercept	17.243	2.346	7.349	.000	12.428	22.057
gender=F	-2.072	1.077	-1.924	.065	-4.283	0.138
gender=M	0ª					
age	0.712	0.149	4.772	.000	0.406	1.019

Probability distribution:Normal
Link function:Identity

ªThis coefficient is set to zero because it is redundant.

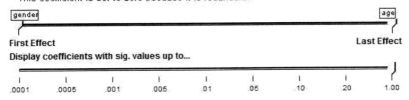

gender=F의 경우 gender=M에 비교하여 Distance가 2.072mm 만큼 작습니다. age
는 1세 증가에 Distance가 0.712mm 성장하는 것으로 나타났습니다.

Random Effect Covariances

Target: Distance (mm) from center of pituitary to pteryo-maxillary fissure

Covariance

Negative   Positive

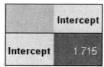

Covariance Structure:Variance components
Subject Specification:(None)

Subject, 즉 변량요인은 분산이 1.715, 표준편차로 바꾸면 1.31입니다.

Covariance Parameters

Target:Distance (mm) from center of pituitary to pteryo-maxillary fissure

Covariance Parameters	**Residual Effect**	2
	Random Effects	1
Design Matrix Columns	**Fixed Effects**	4
	Random Effects	1[a]
Common Subjects		1

고정효과 파라미터는 4개,[4)]
변량효과 파라미터는 1개

Common subjects are based on the subject
specifications for the residual and random effects and are
used to chunk the data for better performance.

[a]This is the number of columns per common subject.

---

4) 0인 것 포함.

Residual Effect	Estimate	Std.Error	95% Confidence Interval	
			Lower	Upper
AR1 Diagonal	3.809	1.467	1.791	8.101
AR1 Rho	0.729	0.120	0.401	0.892

Covariance Structure:First-order autoregressive
Subject Specification:subject

반복측정 간 공분산 구조를 보여줍니다. 분산은 3.809, 표준편차 1.95이고 연이은 측정 간 상관계수 ρ가 0.729로 추정되었습니다.

이상의 분석에서는 정규분포와 항등함수가 사용되었으므로 일반화선형혼합모형 결과와 선형혼합모형 결과는 같게 됩니다. 선형혼합모형 분석을 다음과 같이 들어갑니다.

> SPSS Statistics
>> ▶ Analyze
>>> ▶ Mixed Models
>>>> ▶ Linear ...

그러면 선형혼합모형(linear mixed models)의 화면들이 다음과 같이 이어집니다.

스크린 6

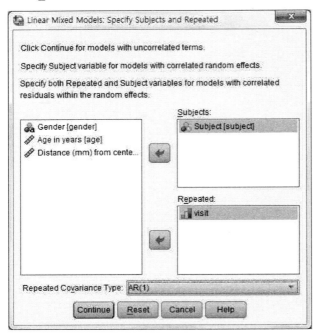

Subjects에 Subject를 넣고 Repeated에 visit을 넣습니다.

스크린 7

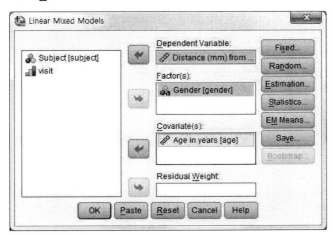

Dependent Variable에 Distance를 넣습니다.

Factor에 gender를 넣습니다. Covariate에 age를 넣습니다.

스크린 8

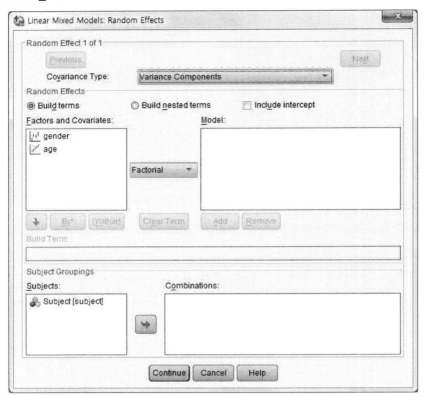

그냥 넘어갑니다.

스크린 9

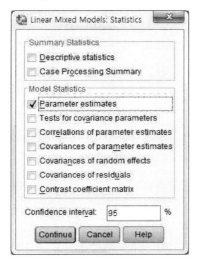

Parameter estimates를 체크합니다.

스크린 7에 돌아가 OK를 누르면 출력이 나옵니다. 결과는 일반화선형혼합모형과 사실상 같습니다. 따라서 생략합니다.

5. 요약

일반화선형혼합모형(generalized linear mixed model, GLMM)은 선형혼합모형의 일반화이며 일반화선형모형의 일반화입니다. 따라서 설명요인에 고정요인과 변량요인을 모두 허용하고 종속변수가 정규분포가 아닐 수 있습니다.

GLMM이 적용되는 대표적 사례는 집락추출 조사자료와 반복측정자료입니다. 집락추출 조사자료는 1단계에서 개체들의 덩어리인 집락이 일정 수 추출되고 다음 단계에서 관측개체들이 추출되는 방식으로 생성되는 자료입니다. 반복측정자료는 일정 수의 관측개체들이 추출되고 추출된 개체들에 대하여 특정 변수가 반복측정됨으로써 얻어지는 자료입니다.

부록 A. 다수준 모형

다수준 모형(multi-level model)은 다단계로 구성된 자료에 대한 통계적 모형을 말합니다. 3절에서 다룬 바 있는 집락추출조사 사례가 한 예입니다만 이보다 더 복잡한 사례가 있을 수 있습니다. 예를 들어 2개 학습방법을 비교하는 교육학적 연구에서 다음과 같은 식으로 자료가 얻어질 수 있습니다.

단계 1: 10개 학교를 추출하고 추출학교의 집단특성을 확보.
단계 2: 추출학교에서 100명의 학생을 추출하고 추출학생의 개인적 특성을 확보.

여기서 단계는 수준(level)으로 대체하기로 합니다. 이런 자료에 대한 포괄적 모형을 다수준 모형(multi-level model)이라고 합니다. 다수준 모형은 SPSS Statistics의 일반화선형혼합모형으로 적합이 가능합니다. 직접 사례에 부딪혀보지요.

A.1 High School Beyond(HSB) 사례 소개

이 사례는 161개 학교에서 7,185명에 대한 조사 자료를 다룹니다. 목표변수(종속변수)는 수학 성취도는 mathach인데, 표 3의 자료는 다음 변수들을 포함합니다.

변수: school   학교번호
      student   학생번호
      meanses   학교평균 ses(social economic status)
      cses   학교평균중심 ses 편차
      sector   학교의 설립유형

기본적인 모형은 다음과 같이 school 하나만을 변량요인으로 고려한 것이 되겠습니다.

$$y_{ij} = \mu + r_i + e_{ij}, \quad r_i \sim N(0, \tau), \ e_{ij} \sim N(0, \sigma). \tag{1_A}$$

여기서 i는 school을 나타내는 첨자이고 j는 student를 나타내는 첨자입니다. 따라서 이 모형에서는 고정요인 없습니다. 그리고 변량요인은 school 하나입니다.

이제 SPSS 일반화선형혼합모형에 들어가서 (1_A)의 모형을 적합해보기 바랍니다.

<표 3> High School Beyond 자료(파일명: hsb_reduced.sav)

	school	student	meanses	cses	mathach	sector
1	1224	1	-.4280	-1.1000	5.8760	0
2	1224	2	-.4280	-.1600	19.7080	0
3	1224	3	-.4280	-.1000	20.3490	0
4	1224	4	-.4280	-.2400	8.7810	0
5	1224	5	-.4280	.2700	17.8980	0
6	1224	6	-.4280	.4500	4.5830	0
7	1224	7	-.4280	-.1900	-2.8320	0
8	1224	8	-.4280	-.5700	.5230	0
9	1224	9	-.4280	-.4600	1.5270	0
10	1224	10	-.4280	-.0300	21.5210	0
11	1224	11	-.4280	-1.0200	9.4750	0
12	1224	12	-.4280	-.2300	16.0570	0

만약 여러분이 모든 것을 제대로 지정하였다면 SPSS Syntax(명령문) 파일이 다음과 같이 될 것입니다 (스크린 2에서 Paste를 클릭).

```
GENLINMIXED
  /DATA_STRUCTURE SUBJECTS=school*student
  /FIELDS TARGET=mathach TRIALS=NONE OFFSET=NONE
  /TARGET_OPTIONS DISTRIBUTION=NORMAL LINK=IDENTITY
  /FIXED USE_INTERCEPT=TRUE
  /RANDOM USE_INTERCEPT=TRUE SUBJECTS=school
    COVARIANCE_TYPE=VARIANCE_COMPONENTS
  /BUILD_OPTIONS TARGET_CATEGORY_ORDER=ASCENDING
    INPUTS_CATEGORY_ORDER=ASCENDING MAX_ITERATIONS=100
        CONFIDENCE_LEVEL=95 DF_METHOD=RESIDUAL COVB=MODEL
  /EMMEANS_OPTIONS SCALE=ORIGINAL PADJUST=LSD.
```

그런데 이 모형에서는 학교의 평균 ses라든가, 학생의 ses 편차, 학교의 설립유형 등이 고려되지 않았습니다.

다음 모형에서 학생의 ses 편차인 cses를 포함시켜 봅니다. 즉,

$$y_{ij} = \mu + r_i + \gamma x_{ij} + e_{ij}, \quad r_i \sim N(0, \tau), \ e_{ij} \sim N(0, \sigma). \tag{2_A}$$

여기서 x_{ij}는 cses입니다. 모형 (2_A)에서는 고정요인으로 cses가 잡힌 것입니다.

여러분이 이것을 SPSS 일반화선형혼합모형에 제대로 반영하였다면 Syntax의 /FIXED 구문이 다음과 같이 바뀌어 있을 것입니다.

/FIXED **EFFECTS=cses** USE_INTERCEPT=TRUE

모형 (2_A)에서는 cses의 기울기가 school 공통입니다. 학교별로 기울기가 다를 수도 있을 것입니다. 즉, 어떤 학교에서는 학생 ses 편차가 작게 반영되지만 어떤 학교에서는 학생 ses 편차가 크게 반영될 수 있지 않겠습니까? 이를 다음 모형에 반영해봅니다.

$$y_{ij} = \mu + r_i + (\gamma + d_i)\, x_{ij} + e_{ij},$$
$$r_i \sim N(0, \tau_1), \quad d_i \sim N(0, \tau_2), \quad e_{ij} \sim N(0, \sigma). \qquad (3_A)$$

이것은 변량요인 탭에서 school 항에 intercept뿐만 아니라 x_{ij} (cses)를 terms로 넣어야 함을 의미합니다. 따라서 Syntax의 /RANDOM 구문이 다음과 같이 바뀌게 됩니다.

/RANDOM **EFFECTS=cses** USE_INTERCEPT=TRUE SUBJECTS=school
        COVARIANCE_TYPE=VARIANCE_COMPONENTS

마지막으로, 모형 (3_A)에 학교의 설립유형 sector t_i를 학교수준과 학생수준 모두에 넣어보겠습니다. 즉,

$$y_{ij} = \mu + r_i + \alpha t_i + (\gamma + d_i + \beta t_i)\, x_{ij} + e_{ij}, \ r_i \sim N(0, \tau), \ e_{ij} \sim N(0, \sigma). \quad (4_A)$$

Syntax의 /FIXED 구문이 다음과 같이 바뀌게 됩니다.

/FIXED **EFFECTS=cses sector cses*sector** USE_INTERCEPT=TRUE

모형 (4_A)에서는 sector가 고려되었지만 sector 대신 학교평균 ses인 meanses를 넣어볼 수 있을 것입니다. 또는 모두 넣어 볼 수도 있겠지요. 그러면 Syntax의 /FIXED 구문이 다음과 같이 바뀌게 됩니다.

/FIXED **EFFECTS=cses sector cses*sector meanses cses*meanses**
        USE_INTERCEPT=TRUE

이상의 여러 모형들은 F 검증이나 정보량 기준인 Akaike Corrected와 같은 다양한 측면에서 비교될 수 있습니다.

8장. SPSS의 R-확장 회귀와 PLS 회귀

다중선형회귀의 적합을 위하여 통상적으로 사용되는 방법은 최소제곱법입니다. 이 장에서는 최소제곱법에 대한 대안 네 가지를 제시할 것입니다.

첫째 대안은 로버스트 회귀(robust regression)입니다. 분석자료에 특이점(outlier)이 있는 경우, 즉 주경향선을 크게 이탈하는 관측개체가 포함된 자료의 경우, 최소제곱 회귀(least squares regression)는 쉽게 흔들립니다만 이와는 달리 로버스트 회귀는 강건합니다. 그러므로 일부 자료의 질이 확인되지 않는 경우에는 최소제곱 회귀보다는 로버스트 회귀가 바람직합니다.

둘째 대안은 분위수 회귀(quantile regression)입니다. 최소제곱 회귀가 주어진 조건 $x_1, \cdots, x_p$ 에서 종속변수 y의 평균을 추정하는 데 비하여, 분위수 회귀는 같은 조건에서 종속변수 y의 τ-분위수를 추정해냅니다($0 < \tau < 1$). 대표적인 분위수는 τ가 50%인 경우, 즉 중간값(median)입니다. 분위수 회귀는 경제자료와 의학자료의 분석에서 최근 빈번하게 활용되고 있습니다.

셋째 대안은 토빗 회귀(tobit regression)입니다. 잠재 종속변수가 음이면 0으로 나타나므로 관측 종속변수 y가 비음(nonnegative) 값만 취하는 경우에서 토빗 회귀는 다중선형회귀모형을 적합해냅니다.

넷째 대안은 PLS 회귀입니다. PLS 회귀는 관측 수 n이 설명변수 수 p보다 작거나 같은 경우에도 통하는 신기한 방법입니다. 겉으로는 선형회귀로 보이지만 실제로는 그렇지는 않습니다. PLS 회귀는 유연한 비선형 모형을 산출해냅니다.

첫 3개의 대안적 회귀, 즉 로버스트 회귀, 분위수 회귀와 토빗 회귀는 SPSS의 R-Extensions(확장) 모듈에서 실행될 수 있습니다. R은 오픈소스의 통계 언어 · 소프트웨어인데 (부록 참조), 이것을 SPSS와 연동되도록 한 것이 SPSS의 R-확장 모듈입니다.[1] SPSS의 PLS 회귀는 객체지향 언어인 Python과 연동되어 돌아갑니다.

---

1) http://www.r-project.org와 http://www.spss.com/devcentral 참조

---

1. 로버스트 회귀

다중선형회귀(multiple linear regression)는 1개의 종속변수 y를 p개의 설명변수 $x_1, \cdots, x_p$와 관련짓는 통계적 모형입니다. 수식으로는

$$y = \beta_0 + \beta_1 x_1 + \cdots + \beta_p x_p + \epsilon$$

으로 표현됩니다. 여기서 ϵ은 오차항으로 평균이 0이고 표준편차가 σ인 확률분포를 따른다고 가정합니다. 덧붙여 그 확률분포가 정규분포임을 지정하는 것이 보통입니다. 그러면 오차항에 대한 가정이 "$\epsilon \sim N(0, \sigma)$"로 표현됩니다.

다중선형회귀를 하려면 당연히 자료가 있어야 합니다. 다음과 같이 표기하기로 합니다.

$$(y_1, x_{11}, \cdots, x_{1p}), \cdots, (y_n, x_{n1}, \cdots, x_{np}).$$

이것은 간단하게

$$(y_i, x_{i1}, \cdots, x_{ip}), \ i = 1, \cdots, n$$

으로도 쓸 수 있습니다. 즉 y_i는 개체 i의 y 관측값이고 x_{ij}는 개체 i의 x_j 관측값입니다 ($j = 1, \cdots, p$). n이 p보다 커야 회귀모형이 적합 될 수 있습니다.

다중선형회귀모형의 적합을 위해 널리 쓰이는 방법은 200년 전통의 최소제곱법(least squares method)입니다. 이것은

$$\sum_{i=1}^{n} (y_i - \beta_0 - \beta_1 x_{i1} - \cdots - \beta_p x_{ip})^2 \tag{1}$$

을 최소화하는 $\beta_0, \beta_1, \cdots, \beta_p$를 찾아냅니다. 이렇게 찾아진 회귀선은 $x_1, \cdots, x_p$에 조건화된 y의 평균(mean)입니다.

이에 반해, 로버스트 회귀의 한 버전인 M형 회귀는

$$\sum_{i=1}^{n} \rho \left(\frac{1}{\sigma} (y_i - \beta_0 - \beta_1 x_{i1} - \cdots - \beta_p x_{ip}) \right) \tag{2}$$

의 최소화에서 나옵니다. 여기서 $\rho(\cdot)$는 큰 잔차에 대하여 둔감하게 반응하도록 기획된 함수로서, 중앙부분에서는 볼록한 2차 함수이지만 중앙에서 멀어지면 선형적으로 증가하는 함수입니다.

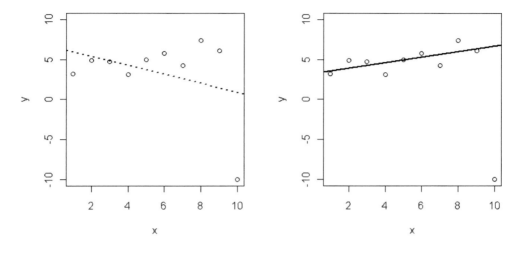

<그림 1> 최소제곱 회귀(왼쪽)와 로버스트 회귀(오른쪽)

로버스트 회귀의 다른 한 버전인 MM형 회귀는 M형 회귀와 유사합니다. 한가지 다른 점은 오차항의 표준편차 σ에 대한 로버스트 추정을 한 다음, (2)를 $\beta_0, \beta_1, \cdots, \beta_p$에 대하여 최소화한다는 점입니다.

한 모의생성 자료 예를 보겠습니다. 이 예에서는

$$x = 1, 2, \cdots, 9,$$
$$y = 2.5 + 0.5x + \epsilon, \quad \epsilon \sim N(0,1)$$

에 의해 9개 점의 이변량 자료점 (x, y)가 생성되었고 (10,-10)이 특이점으로 추가되었습니다. 따라서 회귀선은 $y = 2.5 + 0.5x$가 맞습니다.

그림 1의 왼쪽 그래프는 최소제곱 회귀를 적합시킨 것이고 오른쪽 그래프는 MM형의 로버스트 회귀를 적합시킨 것인데, 최소제곱 회귀는 1개의 특이점의 영향을 받아 회귀선의 기울기가 음으로 나타났습니다. 그러나 로버스트 회귀는 양의 기울기를 가진 회귀선을 만들어 낼 수 있었습니다.

이제 한 실제 예에서 SPSS R-확장 모듈에서 로버스트 회귀분석을 해보겠습니다.

<표 1> stack.loss 자료 ($n = 21$, 부분, 파일명: stackloss.sav)

	day	airflow	watertemp	acidconc	stackloss
1	1	80	27	89	42
2	2	80	27	88	37
3	3	75	25	90	37
4	4	62	24	87	28
5	5	62	22	87	18
6	6	62	23	87	18
7	7	62	24	93	19
8	8	62	24	93	20
9	9	58	23	87	15
10	10	58	18	80	14
11	11	58	18	89	14
12	12	58	17	88	13

⋮

표 1의 자료는 예제에 쓰려는 것으로 종속변수는 stackloss이고 설명변수는 airflow, watertemp, acidconc 등 3개입니다.

SPSS에서 R-확장 모듈을 설치한 다음,

Analyze ▶ Regression ▶ Robust Regression

에 들어가면 다음 화면이 나옵니다.

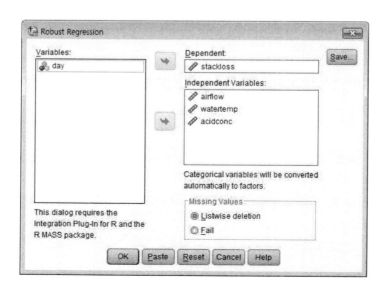

종속변수와 설명변수를 지정하고 OK를 누르면 다음과 같이 MM형 로버스트 회귀의 출력이 나옵니다.

Coefficients

	Value	Std. Error	t value
(Intercept)	-41.523	9.307	-4.461
airflow	.939	.106	8.898
watertemp	.579	.288	2.012
acidconc	-.113	.122	-.923

rlm(formula = stackloss ~
airflow+watertemp+acidconc, data = dta, na.action =
na.exclude, method = "MM", model = FALSE)
Residual standard error: 1.91197
Degrees of freedom: 17

따라서 로버스트 MM 방법으로 얻은 회귀모형은 다음과 같이 쓸 수 있습니다.

$$stackloss = -41.5 + 0.939\ airflow + 0.579\ watertemp$$
$$-0.113\ acidconc + error,$$
$$error \sim N(0, 1.91).$$

참고로, 최소제곱법으로 적합된 회귀모형은 다음과 같습니다 (Analyze ▶ Regression ▶ Linear...).

$$stackloss = -39.9 + 0.716\ airflow + 1.295\ watertemp$$
$$-0.152\ acidconc + error,$$
$$error \sim N(0, 3.24).$$

두 모형을 비교해보면, 로버스트 회귀모형에서 watertemp의 계수와 acidconc의 계수가 훨씬 작고 오차항이 더 작은 산포를 가짐을 볼 수 있습니다.

2. 분위수 회귀

분위수 회귀(quantile regression)도 다중선형회귀모형

$$y = \beta_0 + \beta_1 x_1 + \cdots + \beta_p x_p + \epsilon$$

의 적합 방법입니다. 여기서 ϵ 은 오차항입니다만 이것이 정규분포를 따른다고 가정하지는 않습니다. 최소제곱기준 (1) 대신

$$\sum_{i=1}^{n} \rho_\tau (y_i - \beta_0 - \beta_1 x_{i1} - \cdots - \beta_p x_{ip}) \tag{3}$$

를 최소화의 목적식으로 합니다. 여기서 함수 $\rho_\tau(e)$ 는 다음과 같이 정의됩니다.

$$\rho_\tau(e) = \begin{cases} \tau e & \text{if } e \geq 0, \\ (\tau-1)e, & \text{if } e < 0. \end{cases}$$

특수한 예로, τ 가 0.5인 경우엔

$$\rho_{0.5}(e) = \begin{cases} 0.5e & \text{if } e \geq 0, \\ -0.5e, & \text{if } e < 0 \end{cases}$$

입니다. 그림 2에서 $\rho_{0.5}(e)$ 함수의 그래프를 보십시오. 따라서 (3)은

$$\frac{1}{2} \sum_{i=1}^{n} | y_i - \beta_0 - \beta_1 x_{i1} - \cdots - \beta_p x_{ip} | \tag{4}$$

가 됩니다. 그리고 (4)를 최소화하여 찾은 회귀선은 $x_1, \cdots, x_p$ 에 조건화된 y 의 중간값(median)입니다.

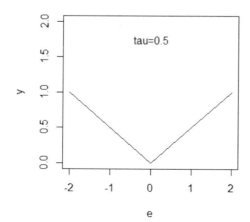

<그림 2> $\rho_{0.5}(e)$ 함수의 그래프

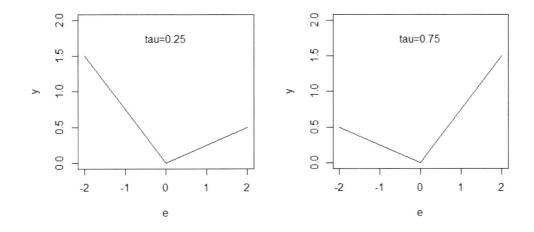

<그림 3> 좌: $\rho_{0.25}(e)$ 함수의 그래프(좌), 우: $\rho_{0.75}(e)$ 함수의 그래프

일반적으로, $0 < \tau < 1$에 대하여 (3)을 최소화하여 찾은 회귀선은 $x_1, \cdots, x_p$의 조건화된 y의 τ-분위수(quantile)입니다. 예컨대 $\tau = 0.25$로 두면 목적식 (3)의 최소화는 25% 분위수 회귀선을, $\tau = 0.75$로 두면 75% 분위수 회귀선을 찾게 됩니다. 그림 3 참조.

한 예로서, 다음과 같이 만들어진 2변량 모의생성 자료에 분위수 회귀를 적용해보겠습니다 $(n = 100)$.

$$x \;\sim\; \text{Uniform}(0,5),$$
$$y \;=\; x + \alpha, \quad \alpha \;\sim\; \text{Exponential}(x).$$

여기서 Uniform(a, b)는 (a, b)에서의 균일분포이고 Exponential(μ)는 평균이 $\mu > 0$인 지수분포입니다.

그림 4에서 왼쪽 그래프는 산점도에 최소제곱 회귀, 즉 평균 회귀선을 붙인 것입니다. 반면 오른쪽 것은 25%·50%·75% 분위수 회귀선을 산점도에 붙인 것입니다. 평균 회귀선의 기울기는 2.02, 50% 분위수의 기울기는 1.87로 나타났습니다.[2]

---

2) 모형 식 $y = x + \alpha$에서 x의 기울기가 1이고 Exponential(x) 분포의 평균은 x이고 50% 분위수가 $0.693\,x$입니다. 따라서 평균 회귀선 기울기의 참 값은 2.0이고 50% 분위수 회귀선 기울기의 참 값은 1.693입니다.

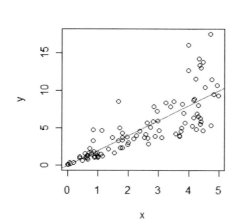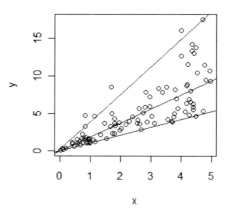

<그림 4> 최소제곱 회귀와 분위수 회귀(25%, 50%, 75%)

SPSS R-Extensions에서 이제 표 1의 자료에 대한 분위수 회귀를 해보겠습니다. 종속변수는 stackloss이고 설명변수는 airflow, watertemp, acidconc 등 3개입니다. SPSS에서 R-확장 모듈을 설치한 다음,

　　　　　　　　Analyze ▶ Regression ▶ Quantile Regression

에 들어가면 다음 화면이 나옵니다.

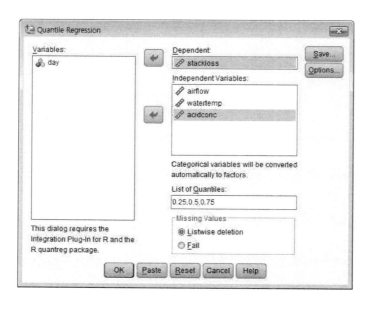

종속변수와 설명변수를 지정하고 List of Quantiles에 "0.25, 0.5, 0.75"를 넣은 다음
OK 버튼을 누르면 다음 출력이 나타납니다.

Coefficients, quantile = 0.25

	coefficients	lower bd	upper bd
(Intercept)	-36.000	-53.843	-36.000
airflow	.500	.248	.967
watertemp	1.000	.317	2.191
acidconc	.000	-.579	.000

rq(formula = stackloss ~ airflow+watertemp+acidconc,
tau = c(0.25, 0.5, 0.75), data = dta, na.action = na.
exclude, method = "br")

Coefficients, quantile = 0.5

	coefficients	lower bd	upper bd
(Intercept)	-39.690	-41.620	-29.678
airflow	.832	.513	1.141
watertemp	.574	.322	1.411
acidconc	-.061	-.213	-.029

rq(formula = stackloss ~ airflow+watertemp+acidconc,
tau = c(0.25, 0.5, 0.75), data = dta, na.action = na.
exclude, method = "br")

Coefficients, quantile = 0.75

	coefficients	lower bd	upper bd
(Intercept)	-54.190	-61.163	8.484
airflow	.871	.533	1.206
watertemp	.983	-.538	1.782
acidconc	.000	-.517	.053

rq(formula = stackloss ~ airflow+watertemp+acidconc,
tau = c(0.25, 0.5, 0.75), data = dta, na.action = na.
exclude, method = "br")

25%, 50%, 75% 분위수 회귀식 가운데 50% 분위수의 적합식은 다음과 같습니다.[3]

stackloss = -39.7 +0.832 airflow +0.574 watertemp -0.061 acidconc.

---

3) 여기서 25% 분위수는 상위 25% 분위수를, 75% 분위수는 하위 25% 분위수를 의미합니다.

3. 토빗 회귀

토빗 회귀(Tobit regression)는 종속변수 y 에 하한(下限, lower bound)이 있어 그 이하이면 하한에서 절단되는 자료에 적용되는 선형회귀모형입니다. 예컨대 y 가 소비액이라고 합시다. 소비는 음의 값을 취할 수 없으므로 $y \geq 0$ 입니다 (하한이 0인 경우).

Tobin(1958, Econometrica)에 의하여 제안된 토빗 회귀를 수식으로 표현하면 다음과 같습니다. 종속변수는

$$y = \begin{cases} y^*, & \text{if } y^* \geq 0 \\ 0, & \text{if } y^* < 0 \end{cases} \tag{5}$$

입니다. 여기서 y 는 관측되는 '관측변수'(observed variable)이고 y^* 는 관측되지 않고 숨어있는 '잠재변수'(latent variable)입니다. 그런데 잠재변수 y^* 가 다음과 같이 설명변수 $x_1, \cdots, x_p$ 와 선형적으로 관련이 됩니다.

$$y^* = \beta_0 + \beta_1 x_1 + \cdots + \beta_p x_p + \epsilon, \quad \epsilon \sim N(0, \sigma).$$

즉, 오차항 ϵ 은 평균이 0이고 표준편차가 σ 인 정규분포를 따른다고 가정됩니다.

간단한 예를 들어 보겠습니다. 다음과 같이 2변량 자료 (x, y^*) 가 100개 생성시켰다고 합시다.

$$x \sim N(0,1),$$
$$y^* = 0.7x + e, \quad e \sim N(0, 0.7).$$

그런데 실제 관측된 것은 (x, y^*) 가 아니라 (x, y) 입니다. 여기서 $y = \max(0, y^*)$ 입니다. 즉 (5)의 관계입니다. 그림 5의 왼쪽 것은 (x, y^*) 의 산점도이고 오른쪽 것은 (x, y) 의 산점도입니다. y 는 0에서 절단되었으므로 $y \geq 0$ 인 것을 볼 수 있습니다. 이론적으로는 (x, y^*) 산점도에서 회귀선 기울기의 참 값은 0.7입니다.

(x, y) 의 산점도에 최소제곱(LS, least squares) 회귀직선을 찾아보면 기울기 0.27의 직선이 나옵니다. 참 값 0.7에 비하여 절반 밖에 되질 않습니다. 그러나 같은 산점도에서 토빗 회귀를 하면 기울기 0.55인 회귀직선이 도출됩니다. LS 회귀선에 비하여 참 값에 보다 가깝습니다. 그림 6을 참조해보세요. 이것은 절단자료에 대해서 대책 없이 통상적인 최소제곱 회귀를 하면 어떤 결과가 초래되는가를 잘 보여줍니다.

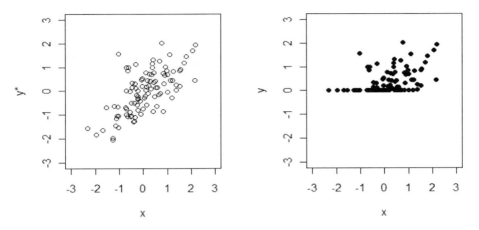

<그림 5> 이변량 자료: 왼쪽은 (x, y^*)의 산점도, 오른쪽 것은 (x, y)의 산점도

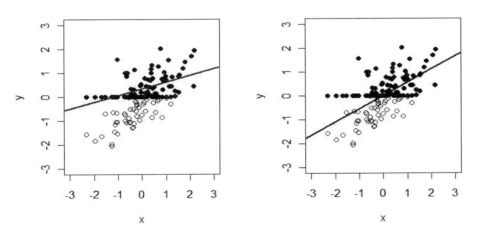

<그림 6> 이변량 자료에 대한 회귀직선: 왼쪽은 LS 회귀, 오른쪽은 토빗 회귀

토빗 회귀는 $y \geq 0$에 대한 회귀에서 y^*를 최대로 복구하여 $x_1, \cdots, x_p$와의 선형적 관련성을 찾습니다. 이제 실제 자료에 대한 토빗 회귀를 해보겠습니다.

표 2의 자료에서 종속변수는 '내구재 구입비' durable입니다. 당연히 durable은 비음의 값만 취합니다(≥ 0). 설명변수는 age(나이)와 quant(유동성비율)입니다.

<표 2> 토빈의 내구재 구입비 자료 ($n = 20$, 일부, 파일명: tobin.sav)

	durable	age	quant
1	0	58	236
2	1	51	283
3	0	49	207
4	0	42	220
5	0	48	238
6	0	60	216
7	0	44	284
8	4	45	221
9	0	52	275
10	3	50	269
11	10	47	207
12	0	58	249

⋮

SPSS에서 R-확장 모듈을 설치한 다음,

Analyze ▶ Regression ▶ Tobit Regression

에 들어가면 다음 화면이 나옵니다.

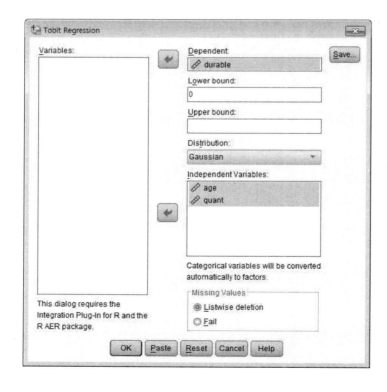

종속변수로 durable을, 설명변수로 age와 quant를 지정한 다음 OK 버튼을 누르면 다음 출력이 나타납니다.

Coefficients

	Coefficient	Std. Error	z Value	Sig.
(Intercept)	15.145	16.079	.942	.346
age	-.129	.219	-.590	.555
quant	-.046	.058	-.782	.434
Log(scale)	1.718	.310	5.536	.000

Lower bound: 0, Upper bound: None
tobit(formula = durable ~ age+quant, left = 0, right = Inf, dist =
"gaussian", data = dta, na.action = na.exclude)
Scale: 5.5725
Residual d.f.: 16
Log likelihood: -29.492 D.f.: 4
Wald statistic: 1.124 D.f.: 2

따라서 토빗 회귀에 의한 적합모형은 다음과 같습니다.

durable = 15.14 - 0.1291 age - 0.04554 quant + error,
        error ~ N(0, 5.573).

참고로, 최소제곱 회귀로 얻은 회귀식은 다음과 같습니다 (Analyze ▶ Regression ▶ Linear...).

durable = 11.07 - 0.02607 age - 0.03457 quant + error,
        error ~ N(0, 2.709).

두 적합모형이 상당한 차이를 나타냅니다만, 어느 것인지는 더 나은지는 자명합니다.

4. PLS 회귀

PLS(Partial Least Squares, 편최소제곱; Projection to Latent Structure, 잠재구조 사영) 회귀는 다중공선성(multicollinearity)이 존재하는 회귀모형에서는 물론 심지어는 설명변수 수 p가 관측 수 n이 보다 큰 경우에도 회귀모형을 추정하여 예측값을 제시합니다. 통상적인 최소제곱(LS) 회귀의 적용이 불가능한 사례에서도 작동하므로, 최근 계량경제(econometrics) 분야와 이공학, 특히 계량화학(chemometrics) 분야에서 많이 활용되고 있습니다. 방법론을 간단히 살펴보기로 하겠습니다.

다중선형회귀모형
$$y = \beta_0 + \beta_1 x_1 + \cdots + \beta_p x_p + \epsilon$$
의 계수 파라미터 $\beta_0, \beta_1, \cdots, \beta_p$ 를
$$\sum_{i=1}^{n} (y_i - \beta_0 - \beta_1 x_{i1} - \cdots - \beta_p x_{ip})^2$$
의 최소화로써 찾아내는 것이 최소제곱 회귀입니다. 이때, 관측 수 n이 $p+1$에 비교하여 작지 않아야 모형계수 파라미터들을 추정할 수 있습니다. 실제로 안정된 적합 모형을 확보하기 위하여는 $n \geq 5p$가 요구됩니다.

여러 계량경제 자료와 계량화학 자료에서는 관측 수 n이 설명변수 수 p에 비해 작은 경우가 많고 그렇지 않다고 하더라도 n이 p의 수 배에 이르지는 못합니다. 그렇기 때문에 최소제곱 회귀가 불가능하거나 가능하다 하더라도 매우 불안정하게 됩니다.

PLS 회귀는 종속변수 y와 설명변수들의 선형결합 $\beta_1 x_1 + \cdots + \beta_p x_p$ 간 공분산(共分散, covariance), 즉
$$\text{Cov}(y, \beta_1 x_1 + \cdots + \beta_p x_p) \qquad (\text{여기서 } \beta_1^2 + \cdots + \beta_p^2 = 1)$$
를 최대화하는 $\beta_1, \cdots, \beta_p$ 를 찾아내고자 합니다.[4] SPSS Statistics의 PLS 회귀는 이에 대한 해를 NIPALS(Nonlinear Iterative Partial Least Squares) 알고리즘을 사용하여 구합니다.[5]

---

4) 절편항 β_0이 빠져 있는데 이것은 $\hat{\beta}_0 = \bar{y} - \hat{\beta}_1 \bar{x}_1 - \cdots - \hat{\beta}_p \bar{x}_p$로부터 정해집니다.
5) SPSS 19.0 Algorithms.pdf 참조.

PLS 회귀의 방법론적 특성을 간략히 정리하면 다음과 같습니다.

1) p개의 열을 갖는 행렬 $X = (x_{ij})$에서 d개의 잠재인자(latent factor) $t_1, \cdots, t_d$를 추출해냅니다 (NIPALS 알고리즘 활용). 이 때 d는 p보다 작게 잡습니다.

2) $n \times 1$ 벡터 t_k를 X-스코어(score)라고 합니다 ($k = 1, \cdots, d$). X-스코어 벡터 t_k는

$$t_k = X_{[k-1]} \, w_k$$

로 표현되는데, $X_{[k]}$는 $X_{[k-1]}$의 각 열을 t_k에 사영(projection)함으로써 생성되는 잔차 행렬입니다 (단, $X_{[0]} = X$). 여기서의 $p \times 1$ 벡터 $w_1, \cdots, w_d$를 잠재인자 가중치(latent factor weights)라고 합니다. 가중치가 큰 변수는 잠재인자 결정에 크게 기여한다고 볼 수 있습니다.

3) PLS 회귀는 기본적으로 y를 t_1에, $y_{[1]}$를 t_2에, $\cdots$, $y_{[d-1]}$를 t_d에 회귀시켜 적합모형을 산출합니다. 여기서 $y_{[k]}$는 $y_{[k-1]}$의 각 열을 t_k에 사영(projection)함으로써 생성되는 잔차 벡터입니다 (단, $y_{[0]} = y$).

4) 결국, y에 대한 적합값 $\hat{y}$은 다음과 같이 얻어집니다.

$$\hat{y} = \hat{y}_{[0]} + \cdots + \hat{y}_{[d-1]},$$

여기서 $\hat{y}_{[k-1]}$은 t_k에 사영(projection)된 $y_{[k-1]}$입니다 ($k = 1, \cdots, d$). 그리고 $\hat{y}$은 $x_1, \cdots, x_p$의 선형결합으로 표현됩니다. 즉

$$\hat{y} = b_1 x_1 + \cdots + b_p x_p.$$

b_j는 β_j에 대한 추정치입니다($j = 1, \cdots, p$).

따라서 다음과 같은 기본 출력을 얻게 됩니다.

- 설명분산 비율(Proportion of Variance Explained) $VarProp_k(X)$와 $VarProp_k(y)$ 및 누적비율 ($k = 1, \cdots, d$): X 및 y의 분산 중에서 k개 인자들에 대해 설명된 분산의 비율과 그것의 누적 값.
- 파라미터(Parameters) b: β에 대한 추정계수(coefficients).
- 잠재인자 가중치(Weights) w_{jk}: w_j의 k째 요소 ($j = 1, \cdots, p$; $k = 1, \cdots, d$).

사례 1: yarn 자료

근적외선(Near-Infrared, NIR) 분광기(spectroscopy) 자료에 PLS 회귀를 적용해보겠습니다. 표 3의 yarn 자료는 밀도(yarn_density; y)가 다른 28개($= n$) 폴리에틸렌 수지 絲(PET yarns)에 대하여 근적외선 분광기로 268개($= p$) 스펙트럼별 빛의 흡수도를 측정한 실험의 결과입니다.

<표 3> yarn 자료 ($n = 28$, $p = 268$, 일부, 파일명: yarn_2.sav)

- rows: 28 lines
- columns: X1-X268, yarn_density (=y)

SPSS PLS 대화상자:
- Analyze ▶ Regression ▶ Partial Least Squares

스크린 1. Variables 탭

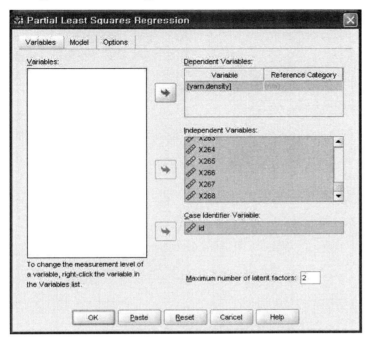

- 잠재인자 수를 2로 바꿈.

스크린 2. Model 탭

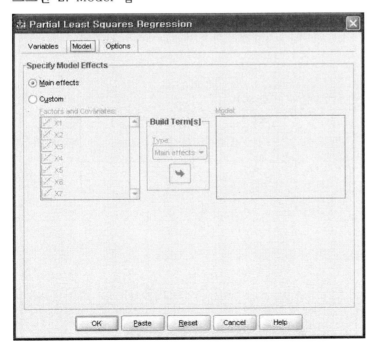

스크린 3. Options 탭

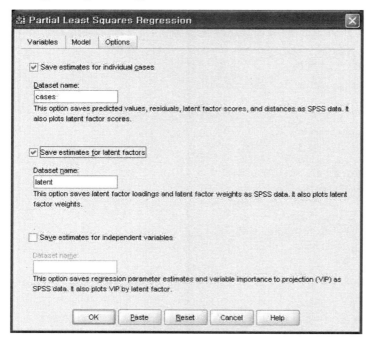

- 케이스 (관측)별 파생 변수를 cases 자료 창에 보관
- 변수별 잠재인자 추정값을 latent 자료 창에 보관

출력결과

Proportion of Variance Explained

Latent Factors	Statistics				
	X Variance	Cumulative X Variance	Y Variance	Cumulative Y Variance (R-square)	Adjusted R-square
1	.498	.498	.922	.922	.916
2	.202	.700	.072	.994	.993

- 처음 두 X-스코어 벡터 t_1와 t_2에 의하여 설명된 분산 비율을 볼 수 있습니다.

Parameters

Independent Variables	Depende··· yarn.density
(Constant)	47.604
X1	-.094
X2	.355
X3	.335
X4	.235
X5	.113
X6	-.024
X7	-.168
X8	-.310
X9	-.423
X10	-.480

* 중간 생략

X266	-3.797
X267	-3.815
X268	-3.771

- 종속변수 y의 예측값에 대한 p개 설명변수의 회귀계수 $b_1, \cdots, b_p$입니다.

Variable Importance in the Projection

Variables	Latent Factors	
	1	2
X1	.281	.333
X2	.635	.654
X3	.796	.810
X4	.824	.845
X5	.749	.796
X6	.605	.702
X7	.409	.599
X8	.175	.535
X9	.064	.555
X10	.268	.632

* 중간 생략

X265	.736	.735
X266	.747	.744
X267	.751	.748
X268	.750	.748

Cumulative Variable Importance

- 변수중요도 VIP_{jk} $(j = 1, \cdots, p;\ k = 1, \cdots, d)$입니다.

Weights

Variables	Latent Factors	
	1	2
X1	.017	-.044
X2	.039	-.053
X3	.049	-.059
X4	.051	-.066
X5	.046	-.077
X6	.037	-.090
X7	.025	-.103
X8	.011	-.116
X9	-.004	-.126
X10	-.016	-.132

* 중간 생략

X266	-.046	.043
X267	-.046	.043
X268	-.046	.044
yarn.density	.085	.038

- 잠재인자 t_k가 설명변수 x_j와 종속변수 y에 붙는 가중치가 출력되어 있습니다.

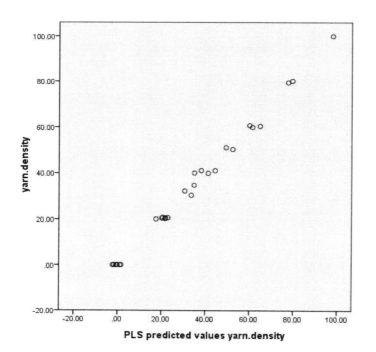

예측값 대 반응값 플롯

기타 사항

측정수준: scale, ordinal, nominal이 모두 허용됩니다.

범주형 변수의 가변수 코딩: 범주형(ordinal, nominal) 변수는 0-1 변수로 코딩됩니다.

범주 수가 c이면 c개의 0-1(dummy) 변수 $D_1, \cdots, D_c$가 생성됩니다.

범주 값 $1, 2, \cdots, c$ 는 $(1,0,\cdots,0), (0,1,\cdots,0), \cdots, (0,0,\cdots,1)$ 로 표현됩니다.

표준화: 모든 변수는 PLS 적용에 앞서 평균 0, 표준편차 1이 되도록 표준화됩니다.

범주형 변수의 표현을 위해 생성된 가변수에도 표준화 변환이 적용됩니다.

부록 A: R 언어 · 소프트웨어

R은 자료처리와 통계적 분석을 위한 컴퓨터 언어 · 소프트웨어입니다. 상업적 목적으로 쓰지 않는다면 개인과 기관이 공짜로 쓸 수 있습니다 (open source). R의 웹 사이트인 http://www.r-project.org에서 Windows용 프로그램을 내려 받아 아무런 등록과정 없이 여러분의 PC에 설치할 수 있습니다.

이 장에서는 SPSS 내에서 R의 분석 모듈을 쓰는 방식을 활용하였습니다만, 여기서는 R에서 직접 실행하는 방법과 해당 R 스크립트를 소개하도록 하겠습니다.

R을 제대로 설치하여 실행시키면 아래와 같은 R Gui 화면이 나타납니다.

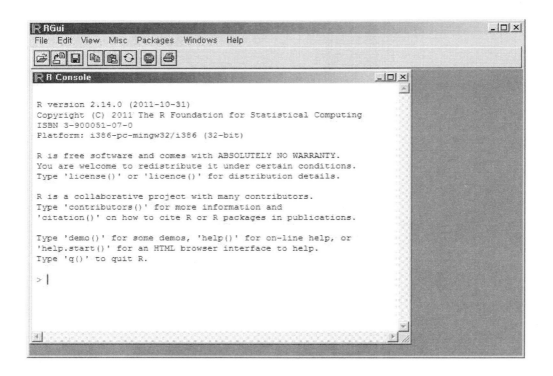

R에서는 해당 팩키지(package, library)가 설치되어야 분석이 가능한 경우가 많습니다. 필요한 팩키지는 R Gui 화면에서 Packages ▶ Install package(s)...에 들어가 사용자 PC에 설치할 수 있습니다.

R Gui 화면에서 File ▶ New Script...를 하면 스크립트 입력 창이 나타납니다. R은 기본적으로 사용자가 프로그램을 작성하여 실행시키는 방식으로 운용됩니다. SPSS가 기본적으로 Windows 메뉴 방식으로 실행되는 것과 대비됩니다. R의 Script 창에 스크립트를 쓴 다음 그것을 실행(Run line or selection)시키면 됩니다.

R 세션을 종료하기 전에 사용한 스크립트는 이후 작업을 위해서 저장하는데 이때 .R을 확장자로 합니다. 기존 스크립트는 R Gui 화면에서 File ▶ Open Script...로 부를 수 있습니다.

다음은 이 장의 로버스트 회귀, 분위수 회귀, 토빗 회귀 분석을 위해 사용될 수 있는 R 스크립트입니다.

- 로버스트 회귀:

```
library(MASS)
summary(rlm(stack.loss ~ ., method="MM", stackloss))
```

- 분위수 회귀:

```
library(quantreg)
data(stackloss)
rq(stack.loss ~ stack.x, 0.5)
rq(stack.loss ~ stack.x, c(0.25,0.75))
```

- 토빗 회귀:

```
library(AER)
summary(tobit(durable ~ age + quant, data=tobin))
```

실습 파일 리스트

1장. 척도등화를 위한 엑셀 템플릿 "scale equating.xls"

2장. German Credit 자료 "german credit.sav"
Credit Rating 자료 "tree_credit.sav"

3장. 기업수익률 자료 "finance.sav"

4장. 오존 자료 "ozone 0513.sav"
소비지출 자료 "quant 2011.sav"

5장. 통계학 시험 자료 "exam_scores.csv", "exam_scores.sav"
쥐 무게 자료 "rat_weight.sav"
VGD_1971 자료 "VGD_1971.sav"
Aerobic Fitness 자료 "aerobic_fitness.sav"
Lalonde 자료 "Lalonde.sav"
골수종 자료 "myeloma.sav"

6장. 당뇨병 사망 자료 "diabetes.sav"
자동차 보험청구 자료 "car.sav"
자동차 상해자료 "injury.sav"
보험청구액 자료 "car_active.sav"

7장. 방글라데시 여성피임 조사자료 "contraception_1.sav"
뇌하수체 성장 자료 "growth_reduced.sav"
High School Beyond 자료 "hsb_reduced.sav"

8장. stack.loss 자료 "stackloss.sav"
토빈의 내구재 구입비 자료 "tobin.sav"
yarn 자료 "yarn_2.sav"

* 데이타솔루션의 홈페이지 http://www.datasolution.kr에서 자료를 내려 받을 수 있습니다 (파일 수 23, 크기 1.5MB).

찾아보기

Official SPSS Dealer and Developer
SPSS 제품군 판매 및 자체 모듈 개발

(주)데이타솔루션은 쉽고 편리하게 통계 분석 및 데이터마이닝 작업을 수행하는 SPSS 제품군에 다양하고 강력한 분석 기능을 추가적으로 자체 개발하여 국내 시장에 공급하고 있습니다.

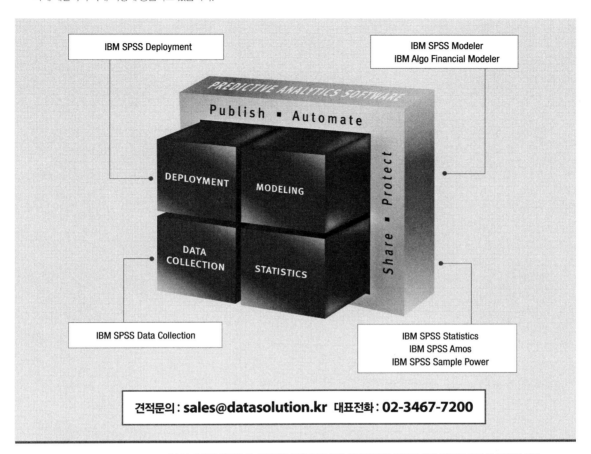

IBM SPSS Statistics	40년 간 데이터 기반의 의사 결정을 위한 통계 분석 툴로 검증된 도구를 통해 기업의 축적 된 데이터 내에 숨겨져 있는 Insight를 추출해 내며 실행 가능한 분석 결과를 도출해낼 수 있습니다.
IBM SPSS Amos	거의 모든 사회 과학 분야의 인과 관계를 가장 효율적으로 분석할 수 있는 기법인 구조방정식모형 분석을 쉽고 편리하게 수행합니다.
IBM SPSS Modeler (구 Clementine)	내부에 축적 된 Transaction data와 Survey를 통해 수집된 데이터를 기반으로 기업의 다양한 의사 결정을 위한 구체적인 예측치 및 예측 모델을 생성할 수 있습니다.
IBM SPSS Data Collection	예측 분석의 효율을 배가 시키기 위해 고객의 태도, 선호도, 의견, 정보를 효율적으로 수집, 관리할 수 있으며 Survey의 설계부터 데이터 수집 및 분석까지의 전 과정을 지원합니다.
IBM SPSS Sample Power	간단한 조작을 통하여 최적의 표본 크기를 구할 수 있을 뿐만 아니라 신뢰 수준, 통계적 검정력, 효과크기를 비롯하여 표본 수 간 최적의 균형을 설정할 수 있습니다.
IBM Cognos Insight	IBM Cognos Insight는 개인 데스크탑 사용자에게 뛰어난 데이터 상호 작용, 분석 및 시각화 기능을 제공합니다.
IBM SPSS Deployment	분석적 자산을 전사적이며 효율적으로 관리 및 공유할 수 있게 하며 반복적인 분석 프로세스를 자동화하는 플랫폼을 제공하여 분석 작업의 효율을 높일 수 있습니다.
IBM Algo Financial Modeler	재무분석과 계리업무를 위한 업계 최고의 회계모델링 소프트웨어입니다.